有故事的

汉字
文化课

YOU GUSHI DE
HANZI WENHUA KE

文化课

字形演绎讲万物　　王弘治 ………… 著

天地出版社 | TIANDI PRESS

图书在版编目（CIP）数据

字形演绎讲万物 / 王弘治著. — 成都：天地出版
社，2024.6
（有故事的汉字文化课）
ISBN 978-7-5455-8263-5

Ⅰ．①字… Ⅱ．①王… Ⅲ．①汉字－儿童读物
Ⅳ．①H12-49

中国国家版本馆CIP数据核字(2024)第054557号

ZIXING YANYI JIANG WANWU

字形演绎讲万物

出 品 人	杨 政	特约策划	少年得到
作 者	王弘治	美术设计	霍笛文
总 策 划	陈 德	内文图片	视觉中国
策划编辑	李婷婷 曹 聪	内文排版	书情文化
责任编辑	曹 聪	营销编辑	魏 武
责任校对	卢 霞	责任印制	高丽娟

出版发行	天地出版社
	（成都市锦江区三色路238号　邮政编码：610023）
	（北京市方庄芳群园3区3号　邮政编码：100078）
网 址	http://www.tiandiph.com
电子邮箱	tianditg@163.com
经 销	新华文轩出版传媒股份有限公司

印 刷	北京瑞禾彩色印刷有限公司
版 次	2024年6月第1版
印 次	2024年6月第1次印刷
开 本	710mm×1000mm 1/16
印 张	13
字 数	170千字
定 价	35.00元
书 号	ISBN 978-7-5455-8263-5

前言

　　从前我在语文课上学过一篇课文——《数星星的孩子》。这篇文章讲的是关于汉代大科学家张衡的故事：眨眼睛的星星沉默不语，可其中蕴藏的秘密却让张衡心生无限的遐想。可见，浩瀚的银河是培育天才好奇心的摇篮。其实，被这满天星斗吸引的何止古今中外的科学家，我们造汉字的祖先也时时仰起头观察，然后在自己的笔下勾画着日月星辰的模样。

　　传说古人造字，仰则观象于天，俯则观法于地，天地的法则被融进一个个方块字。这可不是夸张：二月二，龙抬头，到了春天人们就能在黄昏时看到东方苍龙七宿缓缓从地平线上升起，这占据了四分之一天球轨道的巨大星团，其实就是汉字"龙"的象形来源。我们不妨闭起眼来想象一下：一个"龙"字横亘在整个夜空当中。我们的汉字是何其有气势啊，历经几千年，依旧能够顺藤摸瓜追溯出现在的汉字字形原初的模样！当我们写出这些字的时候，真可谓在笔尖下"吞吐宇宙，并现八荒"。

汉字里的天地，不光有气势，更有智慧。张衡数星星，一数就数了几百颗，可这跟银河里星球的总数相比甚至不如九牛一毛。这么多的星星，象形字可要怎么造才行啊？古人不像笑话里地主家的傻儿子，写一个"万"字就画上一万笔画来表示，更何况谁也没数清过星星。老子曾说："道生一，一生二，二生三，三生万物。"在古汉语里，"三"就可以用来代表很多的意思。孔子讲的"三人行，必有我师"，"三"指的是一群人，你可别在三个人中找老师啊。古人把三个"日"叠起罗汉，就表示"天上星，亮晶晶"，成了"星"字最原初的造型——"晶"。古人用"三"表示"多"，并不是偶然的灵光一现，而是把它定为汉字造字的一条普遍规则，比如三人成"众"、三木成"森"，这些汉字都表示了"多"的意思。这种古老的办法是不是很像现代人学习、研究时常用的"举一反三"，充满了科学规律的意味？

正因为古人造字时动脑子、讲规律，后人研究古代文字的工作才能变成一门学问。如果古人造字只是一味天马行空，想当然的话，那后人研究古汉字肯定就像瞎猫逮死耗子——纯属瞎蒙了。我希望，你通过读我写的这些关于汉字的文章，能够看出汉字里的一些门道来，就像张衡数星星发现星座运行的规律一样，在汉字的星空里培育出一颗宝贵的好奇心。

"马""牛""羊":
造字主要看脑袋

在古代，动物有一个专门的名称叫"六畜"。畜，顾名思义，就是牲畜。"畜"这个字还能读成"xù"，组词"畜牧"。畜牧的意思就是先饲养动物，为将来做准备，这就好比在银行储蓄钱财。"畜"本来就是储蓄的意思。中国古代的六畜，指的是我们祖先最早饲养的六种动物：马、牛、羊、猪、狗、鸡。这六种动物为祖先们提供了稳定的肉食来源，还能够帮助人们干各种活儿。它们的重要作用在汉字里都有生动的反映。在这一篇中，我们就先来讲讲"马""牛""羊"这三个汉字。

我把"马""牛""羊"这三个汉字放在一起来讲，是因为古人为这三种动物的称谓造字的时候，采取的都是象形的方法，不过"象"的不是全貌，而是选取了马、牛、羊身上的一个最重要的特征。究竟是哪一样特征呢？我们先来学习一下古汉字的写法，最后再来回答。

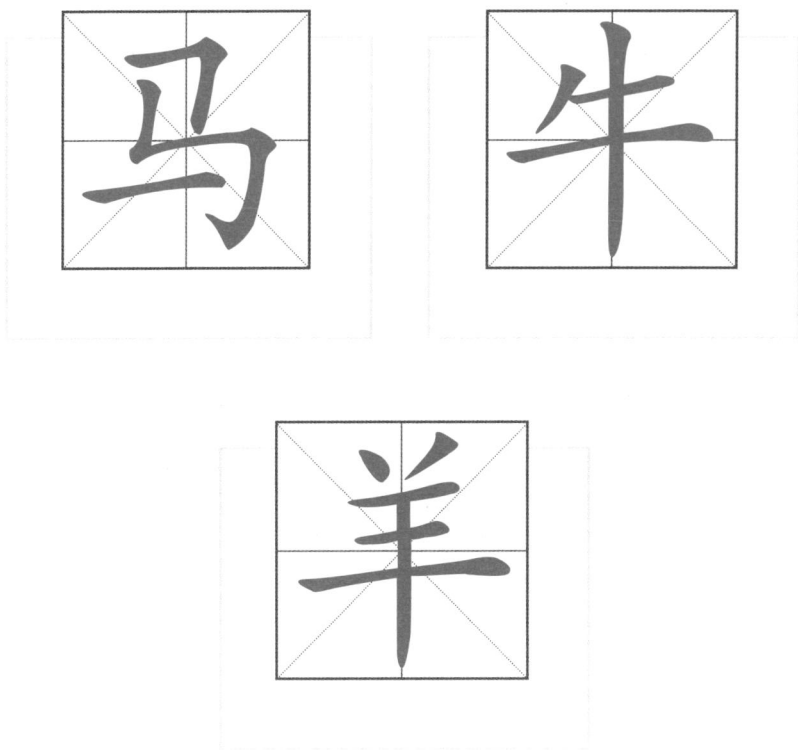

马

牛

羊

我们先来看下页插图中"马"的古汉字，从左到右分别是西周金文、战国时候的齐国文字、秦国的篆书，还有西汉的隶书。金文的"马"字，主体很明显是一只"大眼睛"。你要是看到真的马，可能也会被马儿的一双温柔的大眼睛吸引住的。在"眼睛"的右下角，画了三条道道，它们代表马的鬃毛。马儿飞奔起来的时候，浓密的鬃毛随风飘扬，那样子可是非常帅气的。

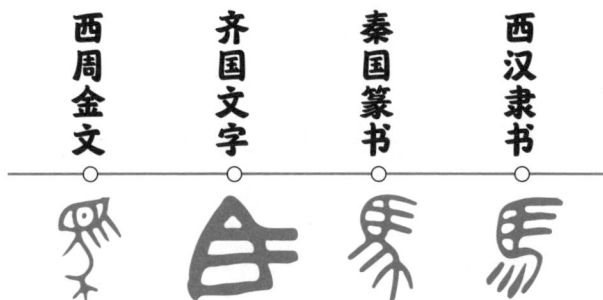

"马"字从金文到隶书的演变过程

你再看这幅骏马奔腾的插图，是不是也觉得古人造"马"字的时候，一下子就抓住了马儿最酷的那个瞬间？这个特征在后来的文字写法里就一直被保存下来了，繁体字"馬"的上半部分有好几道横，就表示马鬃。而齐国文字对金文还进行了简化：省略了马的身

昭陵六骏"白蹄乌"石雕，唐代，西安碑林博物馆藏

体，保留了飘逸的鬃毛。古人之所以如此重视马鬃，不仅仅是因为它让马更加帅气，还因为人类如果不为马儿打理好鬃毛，会惹出大麻烦呢。

齐顷公骄兵必败

春秋时候，齐国的国君齐顷公就因为没给自己的战马整理马鬃，差点儿当了俘虏。当时齐国和晋国爆发了战争，年轻气盛的齐顷公根本没把晋国大军放在眼里，出战前还趾高气扬地说："我在今天午饭前就能把晋国给收拾了。"有句成语说得好，骄兵必败。齐顷公并没有做好充分的战前准备——没有认真梳理自己战车上的四匹马的鬃毛，就急匆匆地上战场了。

在打仗前，古人为什么要整理马鬃呢？你来看看插图中的秦始

一号铜车马，秦代，秦始皇帝陵博物院藏

皇陵铜车马，铜车马的马鬃就被打理得整整齐齐，像人理过发一样。古人这么做并不完全是为了好看，主要是因为过长的马鬃会跟缰绳纠缠在一起，致使战车失控。话说齐顷公吃了败仗，赶紧逃跑。战车外侧的战马却在逃跑途中被树枝挂住了马鬃，导致齐顷公被追兵赶上了。要不是车上的卫士急中生智跟齐顷公对调了装扮，堂堂的齐国国君就要因为过长的马鬃成为阶下囚了。

"马"字重点突出了马眼和马鬃这两个部位的象形，"牛"和"羊"也都属于象形字。孔子在两千多年前就一语道破："牛羊之字以形举也。"这句话的意思是说，"牛"和"羊"这两个字就是照着动物的形象造出来的。

"牛"字从甲骨文到隶书的演变过程

在上面的插图中，我们可以看到甲骨文"牛"字，直接就画了一个牛头。后来，"牛"字逐渐线条化了。你看，简体的"牛"字上面的一横和一撇是从弯弯的牛角变化来的，而下面的一横竟然是从牛的耳朵抽象变化来的。

青铜器上的饕餮纹

为什么古人造"牛"字不画出牛的身体呢？这可能跟古人的信仰有很深的关系。你有没有在博物馆里看到过商代的青铜器？古人在这些献给祖先和神明的青铜器表面刻画了非常精美的饕餮纹。这些饕餮纹一般被后世认为是某个传说中的神兽。可是，再神奇的动物在现实世界中也都能找到原型，绝不会是凭空产生的。有些学者就指出，饕餮纹的原型很可能就是牛头。我们来看看饕餮纹图案。

牛首饕餮纹铜尊，商代，湖南省博物馆藏

毫无疑问，这件文物体现的就是一个牛头。你如果仔细看"眼睛"的上部，可以分明看出两个"牛角"。我们由此就能明白学者说饕餮纹是从牛头变形而来是有道理的。

牛头不只在我们中国的文化中占有独特地位，在西方的文化中，也是个了不起的符号。在西方的文字体系中，表示牛的文字的创造和变化跟汉字"牛"有异曲同工的地方。

现在拉丁字母 A，在希腊字母里叫"α"，被音译为"阿尔法"。它就是从最早表示牛头的埃及象形文字变来的。由此可见，牛头在古希腊人的心目中也有特别重要的地位。

毕达哥拉斯定理与"牛"的符号文化

古希腊有位大科学家叫毕达哥拉斯，著名的数学定理——毕达哥拉斯定理就是用他的名字命名的。在中国，毕达哥拉斯定理被称为"勾股定理"。毕达哥拉斯通过计算发现，一个直角三角形的两个短边的平方之和等于长边的平方。不管这个直角三角形的边长怎么变化，这个等式永远成立。毕达哥拉斯发现这个规律之后非常兴奋，他本来就坚信世界是由一套完美的数学公式和定理打造出来的，发现直角三角形的这种数学定律就是对他信念的有力印证。据说，为了纪念自己的这个伟大发现，他杀了一百头牛，把这一百个牛头围成两个直角三角形的形状，献给创造天地万物的神明。

在古希腊人的观念当中，牛头变来的 α，也就是拉丁文字母里的 A，不光是字母的开头，还能代表万事万物的起源。由此可见，牛头在世界文明的范围里都是极受人瞩目的。

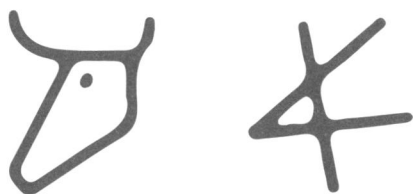

腓尼基字母

"羊"字的造字思路跟"牛"很像，也是一个头的形象。你看下面的插图，我们还能从古汉字看出来，这本来是一只绵羊，因为它的角不像山羊的角是笔直向上长的，而是弯成弧形的。

甲骨文的"羊"字里也没有身体，只有羊角和羊头。我们同样能在古代的青铜器上看到相似的造型。中国国家博物馆藏有一件国宝青铜器——四羊方尊，你看插图里四羊方尊上的羊头，跟甲骨文

商代金文　周代金文　隶书

"羊"字从甲骨文到隶书的演变过程

的"羊"字像不像？

　　羊和牛都是古人祭神的重要祭品。在这篇文章的开头，我们讲到"牲畜"这个词时，提到"畜"是把动物养起来、存起来的意思，而"牲"呢，就是祭祀时候用的动物。现在，"牺牲"这个词的意思是为了崇高的目标而死，而这个词在古汉语里的原意是献给神明的祭祀动物。"牲"是个形声字，它的形旁是"牛"，但

四羊方尊，商代，中国国家博物馆藏

古汉字里也有把形旁写成"羊"的，它们的意思都是一样的。你可能学过，在现代汉字中，代表动物的形旁一般都是反犬旁，但是这个"牲"字却不能用反犬旁，那样意思就变了。

羊斟惭羹

除了敬神，羊在古代还是很珍贵的肉食。古书有云，贵族无故不杀羊。所以，即使是贵族平时也不容易吃到羊肉。春秋时代有个小故事，讲的就是一碗羊肉引发的风波。当时宋国和郑国打仗，宋国的主将叫华元，在开战前为了激励将士，专门杀了羊，煮了一大锅羊肉汤。华元身边的将士们都分了一杯羹，只有为华元驾驶战车的羊斟没有分到。没吃着羊肉的羊斟很生气，心想：这样的好东西竟然都不分我一份，华元做人太不公平。到了两军阵前，羊斟心里就盘算：在分羊肉的时候，是华元您说了算，现在到了战场上，就该我说了算。于是一开战，羊斟赶着车直往郑国军队的包围圈里钻。主将华元稀里糊涂地当了俘虏，他无论如何想不到，自己失败的原因是少分了羊斟一碗羊肉汤。

读完这一篇，你能总结出"马""牛""羊"这三个字的共同特征吗？其实，就是象形的特征都集中在动物的脑袋上了。在下一篇中，我们要讲六畜中的猪和狗，古人为"猪"和"狗"造字的方法与为"马""牛""羊"这三个字造字的方法有些小小的不同，这里留个悬念，我们在下一篇详细来讲。

词性解析

牛

1. 名词，哺乳动物，体形粗壮、力大，能耕田、拉车。

《敕勒歌》："天苍苍，野茫茫，风吹草低见牛羊。"

2. 名词，星宿名，即牛宿的简称。

《李都尉古剑》："白光纳日月，紫气排斗牛。"

3. 形容词，比喻性格固执、倔强。

牛脾气、牛气。

4. 形容词，本领大，实力强。

牛人。

马

1. 名词，哺乳动物，家畜名。

《马说》："世有伯乐，然后有千里马。"

2. 名词，"码"的古字。用以计算的筹码。

《礼记》："请宾，曰：'顺投为入，比投不释，胜饮不胜者。正爵既行，请为胜者立马，一马从二马。三马既立，请庆多马。'"

3. 形容词（方言），严肃的、不悦的。

他拉着一张马脸，闷不作声。

4. 形容词，大的。

马道、马船。

5. 动词，驾着马。

《聊斋志异》："不数岁，田百顷，楼阁万椽，牛羊蹄躈（qiào）各千计。一出门，裘马过世家焉。"

羊

1. 名词，哺乳动物，家畜名。

《汉书》："杖汉节牧羊，卧起操持，节旄尽落。"

2. 形容词，通"祥"，吉利。

《墨子》："有恐后世子孙，不能敬若（jūn）以取羊。"

3. 副词，通"详"，细密地、完备地。

《马王堆汉墓帛书》："臣愿王与下吏羊计某言而竺（笃）虑之也。"

15

"猪" "狗":
字形相近的甲骨文

　　在上一篇中，我们讲了古人为六畜当中的马、牛和羊造的三个汉字。我们了解到"马""牛""羊"这三个字有个共同特点——特别突出动物的头部。我把"马""牛""羊"这三个字列为代表六畜的动物汉字的第一梯队。

　　在这一篇中，我们要讲代表六畜汉字的第二梯队的"猪"和"狗"的造字故事。我为什么要把"猪"和"狗"凑在一起，列为六畜汉字的第二梯队呢？当然是因为这两个字也有共同的特征。首先，"猪"和"狗"的字形写法非常接近；其次，这两个字的读音都发生过改变；第三，这两个字代表的动物都是古代平民可以享用的肉类。

　　在这一篇中，我就带你从上述三个方面来认识一下代表猪和狗这一对家畜界的好兄弟的汉字。

甲骨文"猪""狗"很相近

首先，我们来看看"猪"与"狗"这两个字的写法。我刚才说了，"猪"字和"狗"字的写法很接近。你可能对这句话存有疑问："猪"和"狗"除了都有反犬旁，还有哪里相似呢？应该没有中国人会把"猪"和"狗"这两个字搞混吧？

那么，我现在就来考考你的眼力。请你仔细观察插图里的甲骨文。这两个字分别是猪和狗的象形文字，你能看出来哪一个字是"猪"，哪一个字是"狗"吗？

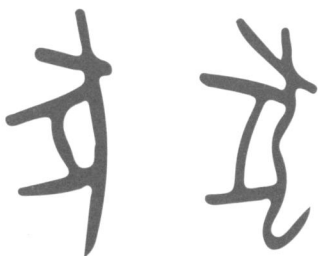

你通过仔细观察，可能已经看出来了：左边的是"猪"字，右边的是"狗"字。解题的诀窍就藏在又弯又翘的"尾巴"上了。小狗都喜欢摇尾巴吧。我们在上一篇中讲过，"马""牛""羊"的象形特点都在脑袋上，那么这一篇要讲的"猪"

甲骨文"豕"和"犬"

字和"狗"字的象形特点就在尾巴上了。

抛开"尾巴"这一个不同之处，甲骨文的"猪"和"狗"的象形也太相似了吧。这两个形体相似的象形字都像简笔画一样，是如何演变成现代汉字"猪"和"狗"这两个并不很像的字形的呢？

这是一个好问题。的确，甲骨文的"猪"字和"狗"字根本就不是现在的"猪"字和"狗"字，在古汉语当中，猪最早被称为"豕"，而狗呢，最早叫作"犬"，所以上面插图中的两个甲骨文就是

"豕"字和"犬"字最早的样子了。

豚

"豚"是小猪，"豕"是大猪

在讲"豕"之前，我们先来看一个用"豕"做偏旁的字，这个字就是"海豚"的"豚"，也是猪的意思。海豚就是因为身体圆滚滚，又长了一张尖尖的嘴，有点儿像猪，所以才被叫作"海豚"。"豚"本来是小猪的意思。小猪的肉好吃，所以"豚"字里还有表示肉的月字旁，指的就是猪肉。由此可见，"豚"是一个会意字。除了好吃，小猪长相也挺可爱的，大猪却是一副笨头笨脑的样子，所以"豚"和"猪"还不能混为一谈，海豚也不能被随便改叫为"海猪"。

豕

封豕长蛇

"豚"指幼年小猪，"豕"就是成年大猪的意思。在古人的心目中，大猪不仅不可爱，有时候甚至令人畏惧。在上古的诸多怪兽当中，有一头怪兽叫作"封豕"。在古汉语里，"封"就是大的意思，所以"封豕"就是大猪的意思。封豕贪婪凶狠，不仅把黎民百姓的食物都吃光了，还常攻击人类。后来，英雄后羿射死了它，终于为人间除了一害。封豕这种怪兽，就是来自古人对贪吃的猪的印象。后世把封豕跟妄想吞吃大象的长蛇并列，用"封豕长蛇"来形容贪得无厌的野心家和侵略成性的国家。《西游记》中猪八戒好吃懒做，病根儿就在神话传说里的封豕。

猪

"豕"是官话，"猪"是方言

我们已经知道甲骨文中的"豕"字是猪的意思，那么"猪"这个叫法又是怎么来的呢？这可能是从古代的某一种方言变来的。现在我们从古书上可以知道，到了汉朝，"猪"已经是通行的叫法了。可是，最新出土的秦朝考古材料却显示出一些从前古书上没有提到过的信息。比如，在湖南出土的一大批秦朝竹简木牍中，有一片木牍上记载了一条秦朝的法令，规定了不同事物的名称，其中一条就提到不许说"猪"，因为在秦的发祥地关中地区是把猪叫作"豕"的。秦朝的法令特别苛刻，大秦帝国用自己的文字小篆统一了六国文字，还要用自己的方言来当天下的标准语。这可是中国目前所知道的最早的语言规范法令了。这个资料反过来也证明了，"猪"这个名称大概原来就是秦国以外某一地的方言词汇。

犬

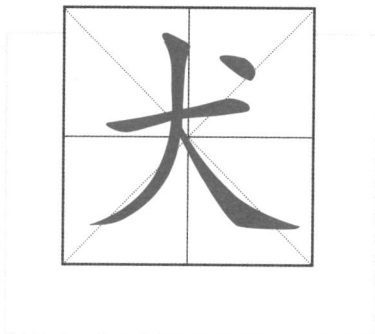

"狗"是狗崽，"犬"是大狗

说起"犬"，我首先要讲个令中国人有点儿自豪的小知识。你可能知道狗是从狼驯化来的，可你知道是谁驯化了狗吗？现在的科学研究表明狗是最早被人类驯化的家畜，大约发生在 1.5 万年以前亚洲的东南部。语言学家通过对亚洲不同民族对"狗"的不同叫法进行比较研究，认为狗很可能是被中国境内的原住民驯化的。所以，我们似乎也可以认为是我们中华民族的祖先把狗变成了人类的好朋友。

语言学家做比较研究的时候，在汉语里挑的字就是"犬"，而不是"狗"。为什么不选"狗"这个字呢？原来，"狗"是一种特别的"犬"，指的是未成年的小狗。古代词典《尔雅》里说：还没有长出硬毛的小犬被称为"狗"。这就跟人类把未成年的小马叫作"驹"一样。

狗

孔子爱狗

不过到了汉代初年，"狗"已经有取代"犬"的趋势了。儒家经典《礼记》记载孔子养的一条老狗死了，书里就用的是"狗"而不是"犬"字。孔子是一位爱狗人士。这条陪伴孔子多年的老狗死了之后，孔子说："都说家里竹编的篷盖破了不要扔，将来可以用来埋葬自己的狗。我家徒四壁，连个篷盖都没有，但我不忍心让这条狗在地下直接头枕黄土，还是用一条席子把它装裹起来吧。"孔子对狗的这份情义，虽然跟现代人爱护自己的宠物很像，但在古代却是很不常见的。因为对古人来说，狗在人身边的主要作用既不是陪伴，也不是打猎，而是提供狗肉。

狗肉，百姓的美食

狗肉在中国古人的食谱当中，跟猪肉一样是平民阶级的美食。

你可能读过一篇叫《曹刿论战》的课文，课文里把贵族们称为"肉食者"。注意，这篇文章中提到的肉食，可能是指牛羊肉，却不大可能是猪肉或者狗肉。

虽然牛、羊、猪、狗同属六畜，可它们彼此之间存在等级的差异。古人就有记载，贵族招待客人最好的一份套餐叫作"太牢"。太牢的主菜是牛；次一等的套餐叫作"少牢"，少牢的主菜是羊。这太牢和少牢原来也曾是敬神的祭品，但从来都不会拿来款待平民百姓。

那么，百姓吃什么呢？战国时的孟子就特别提到过：老百姓到了七十岁，营养必须跟上，少不了肉食。战国老百姓吃的是什么肉？孟子提到的就是猪肉、狗肉和鸡肉。

说到这里，我再补充一个小知识。六畜里的牛、羊、猪、狗、鸡都能供人享用，可是在这份肉类菜单里却没有马。为什么古人不吃马肉呢？这主要是因为中原内地没有适合大规模养马的草原，而马又是打仗时候的重要战略物资。不要说吃马肉了，古人连祭祀敬神都舍不得杀马。只有在订立非常神圣的盟约时，古人才会杀马。

白马之盟

汉高祖刘邦平定天下以后，为了防止将来有外人篡夺刘氏的江山，就跟功臣们杀白马订立誓约：凡是非刘氏而称王的，天下共诛之！后来汉朝的功臣在诛杀吕后家族势力的时候，还以"白马之盟"来号召御林军。从这个小典故上，我们就能看出马在六畜当中独领风骚。

在下一篇中，我们讲六畜当中的最后一种动物——鸡的汉字。严格来说，马、牛、羊、猪、狗才是家畜，鸡是家禽才对，为什么古人把鸡算作六畜中的一员呢？另外，古人在给家禽起名的时候，还有一个专门的方法呢。这个专门的方法是什么呢？我们在下一篇中揭晓答案。

词性解析

▽

狗

1. 名词，哺乳动物，原指小犬，后为狗、犬的通称。

《捕蛇者说》："悍吏之来吾乡，叫嚣乎东西，隳（huī）突乎南北；哗然而骇者，虽鸡狗不得宁焉。"

2. 形容词，坏的、恶劣的。

狼心狗肺。

3. 动词，谄媚、奉承。

狗事（方言，奉承、巴结）。

犬

1. 名词，本义为狗，古时特指大狗。

《聊斋志异》："少时，一狼径去，其一犬坐于前。"

2. 名词，旧时常用作自谦或鄙斥他人的词。

犬子、犬马之劳。

猪

1. 名词，哺乳动物，家畜。

《说文解字》："猪，豕而三毛丛居者。从豕，者声。"

2. 动词，通"潴"，水积聚。

《尚书》："淮、沂其乂（yì），蒙、羽其艺，大野既猪，东原底（dǐ）平。"

16

"鸡":
有五德的家禽

在这一篇中，我们来讲古代六畜的最后一名——鸡的汉字。鸡可能是六畜当中最不起眼的一种动物了，在六畜的排行中"吊车尾"。和鸡有关的成语也常常被用来比喻平庸浅薄之辈，比如"鹤立鸡群""鸡鸣狗盗""杀鸡焉用牛刀"，等等。但是在这一篇中，我要告诉你，鸡能跻身于六畜之列，可是有非常了不起的原因的。古汉字一直记录着鸡的伟大本领呢。

禽

在开讲之前，我先来解答上一篇遗留的一个问题。鸡明明是一
种家禽，为什么会和马、牛、羊、猪、狗一起被列为六畜呢？古人
是不是搞错了？不是古人弄错了，而是我们的汉语从古到今发生了
变化，才产生了这个小小的"误会"。我在前面的篇章中已经说过，
"畜"本来就是指由人饲养的动物；而"禽"呢，现在一般指鸟类，
但是在古汉语里，却是包括飞禽和走兽在内的一类动物的总称。那
么，"禽"究竟指哪一类动物呢？我们来看看古汉字是怎么写的。

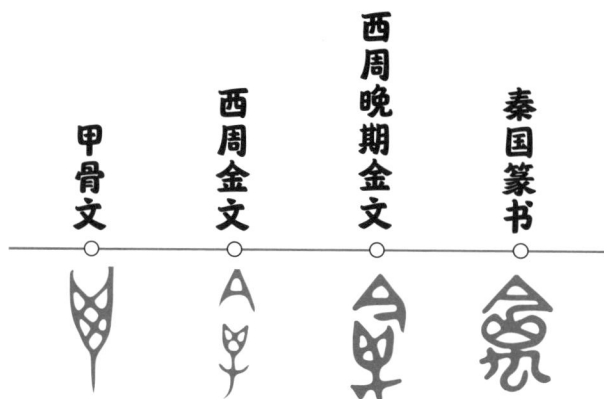

"禽"从甲骨文到篆书的演变过程

在上页的插图中，我列了"禽"字在甲骨文、西周金文和秦国篆书里的不同写法。我们可以从中看出"禽"字从简单到复杂的变化过程：

在甲骨文里，"禽"是一个象形字，你看它像不像一个网球拍？当然，古人并不会打网球，这个象形字其实画的是一张用来抓野兽的罗网。到了周代金文，古人先是给甲骨文"禽"戴上一顶"帽子"，这顶"帽子"是新添加的声旁，其实它也是一个字，就是今天的"今"字。再后来，古人又在金文"禽"字的下面添加了表示动物足迹的偏旁。字体发展到秦篆，"禽"就已经初具今天写法的全貌了。

擒

我们挖出"禽"字最早的写法，就能明白"禽"原来指的是被人捕捉的猎物，如果在"禽"字的左边加一个"扌"，那就是"擒拿"的"擒"，表示捉拿的意思。

家畜原本就是由被捕捉的野生动物逐渐驯化来的，所以古人把家禽和家畜都算作六畜，也不算是搞错了动物门类。

了解了这一点，我就来讲讲为什么鸡能够成为六畜当中唯一的禽类。传说中，鸡是拯救过苍生的动物，实在太了不起了。

雄鸡一声天下白

我们来简单回顾一下后羿射日的故事：传说从前一共有十个太阳，它们轮流值日，给大地带来光明和温暖。可是有一天，十个太阳调皮，决定一起出来玩儿。这一下，大地生灵可就遭了殃——被十个太阳烤焦了。眼看黎民百姓活不下去了，神射手后羿把弓箭对准了天空，一连射落了九个太阳。后羿原本以为，天地应该因此恢复正常秩序，却没想到又碰到了麻烦。原来，那个幸存的太阳被后羿吓破了胆，躲到地下不肯出来了。太阳太多不行，没有太阳也万万不行啊。后羿虽然能射下天上的太阳，却没法对付躲在地下的太阳。这可怎么办呢？正在大地一片漆黑的时候，天神给人间派来了一只神鸟。神鸟站上山头，面朝东方高声啼叫。太阳一听见神鸟的叫声，立刻就从地下探出了头，于是光明重返人间了。你一定已经猜到了，这只能召唤太阳的神鸟就是大公鸡啊。

太阳女神

有句诗说得好："雄鸡一声天下白。"古人早就发现了公鸡有打鸣报晓的习性，所以才会有这样的神话流传。

公鸡召唤太阳的传说，不仅我们中国有，其他国家也有。比如日本，日本人把太阳女神看成天皇的祖先，传说太阳女神被自己弟弟搞的恶作剧吓着了，躲进了一个山洞，发脾气不肯出来。天地一下子陷入一片黑暗。这满天的神仙都着急了，轮番去请太阳女神出来，却纷纷铩羽而归。最后有位聪明的大神想出一个办法：我们得利用太阳女神的好奇心让她自个儿从洞里出来。于是，神仙们挑了一位女神在洞口唱歌跳舞，还有一位大神找来一百只公鸡，整齐地站在木架子上大声鸣叫。这动静终于引发了太阳女神的兴趣。她小心翼翼地探到洞口想看看外面到底在闹腾什么，这时埋伏在洞口的大力神就一把拉住太阳女神的手，把她拽了出来。相传，日本神社门口的大鸟居，原来就是公鸡召唤女神时站的木架子。

崇拜太阳的民族，一般也都崇拜鸡。比如我国的少数民族彝族，他们的火把节非常有名。据说，火把节就是古人崇拜太阳的遗风。而鸡在彝族人的心目中也是很神圣的。彝族的巫师会杀活鸡来占卜吉凶。这种鸡卜的风俗，不只出现在很多南方少数民族的聚居地，还出现在中原地带，可见人们对鸡的崇拜在我国很久以前便开始了。

古人对鸡的崇拜也体现在汉字里，我们来看看古汉字"鸡"是什么样子的。

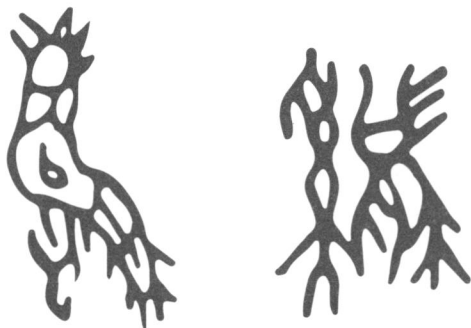

甲骨文"鸡"

甲骨文里的"鸡"字一目了然，画的是一只长尾高冠的大公鸡，正雄赳赳、气昂昂地张嘴打鸣呢。后来，"鸡"字的变化跟前面说的"禽"字一样，添加一个声旁，就是插图第二个甲骨文字的左边——"奚"，而右边则保留了公鸡最明显的特征：大张着嘴向天而啼，下面拖着威风的长尾巴。这些字形里都还保留着太阳神鸟的风采。

鲁人祭天

古人相信鸡能够召唤光明，因此在黑暗中作祟害人的鬼怪就特别害怕公鸡。相传春秋时鲁国在祭天的时候，会敬献一只大公鸡。

鲁国的祭司相信毛色鲜艳、叫声嘹亮的公鸡可以驱赶国君身上的灾祸。

但是，随着社会的发展，远古的崇拜逐渐被人淡忘，鸡最后从神鸟变成了家禽。我再来讲一个发生在鲁国的故事，这故事最能体现鸡在古人心目中地位的变化。

五德之禽

这个故事发生在春秋晚期鲁哀公的时候。当时，有一个人叫田饶，很有本领，却在故乡鲁国得不到重用。他跑去跟鲁哀公发牢骚说："您知道鸡有五德吗？鸡的头顶有鸡冠，代表了文；鸡的脚上长了锋利有力的爪子，代表了武；鸡遇见危险，敢上前斗，代表了勇；鸡看见食物会招呼同伴，代表了仁；鸡每天早上都打鸣报晓不失时，代表了信。可是，鸡虽然五德俱全，却天天被您的厨子宰了炖汤，落得一个悲惨下场。您再看您庭院里的黄鹤，从千里之外飞来，吃您池子里的鱼鳖，啄您田地里的谷子，文、武、勇、仁、信，五德一样不占，却只因为是远道而来，就被当作珍禽来观赏。我要学习黄鹤飞到外国去了。"田饶发完牢骚就去了燕国，被燕国重用。后来，田饶成为燕国的宰相，把燕国治理得井井有条。鲁哀公这才知道自己有眼不识五德君子，肠子都悔青了。

田饶讲的故事里还留存着祖先对鸡的崇拜，可是像鲁哀公这样的庸人早已经把鸡当成普通的家禽。

我们在"鸡"的字形演变过程中也能看出这种观念的变化。我们刚才已经了解，甲骨文里的"鸡"是鸡抬头打鸣的样子，可是发展到繁体字"雞"，声旁的"奚"字还保留着，形旁却从长尾公鸡变成了另一样东西——"隹"。"隹"的意思也跟鸟有关，是短尾鸟的总称。

金文"隹"

你看插图中的古汉字"隹"，它的写法跟原来的"鸡"相比，没有了威风的长尾巴。这是怎么回事呢？你想想看，公鸡有长尾巴，而母鸡却长着短尾巴。短尾的母鸡不会打鸣，只会下蛋，是标准的家禽。鸡的神性就这样在汉字"鸡"的字形演变中慢慢磨灭了。

"鸡""鸭""鹅"的古音

在这一篇的最后，我们来一起了解一个小知识：你知道古人给家禽起名有个特别的方法吗？"鸡"这个字在上古汉语里的读音接近于现在的"ge"，很像鸡的叫声；不光如此，鸭子的"鸭"，古音就跟"呱呱"的鸭叫相似；而大鹅的叫声"嘎嘎"，跟"鹅"字的古音也几乎一模一样。所以古人就是根据鸡、鸭、鹅的叫声来给它们起名字的。不光家禽，鸟的名字也跟叫声有关。我们在下一篇中就来讲讲鸟的叫声跟汉字的关系。

词性解析

擒

1. 动词，捕捉。

《前出塞》："射人先射马，擒贼先擒王。"

2. 动词，捉拿。

《孙子兵法》："故小敌之坚，大敌之擒也。"

3. 动词，拿。

《喻世明言》："肩上虽挑却柴担，手里兀自擒着书本。"

禽

1. 名词，走兽的总称。

《孟子》："昔者赵简子使王良与嬖（bì）奚乘，终日而不获一禽。"

2. 名词，鸟类的总称。

《古风五十九首》："代马不思越，越禽不恋燕。"

3. 动词，捕获鸟兽。

《战国策》："两者不肯相舍，渔者得而并禽之。"

4. 动词，通"擒"，捉拿。

《资治通鉴》："将军禽操，宜在今日。"

5. 动词，战胜，掌控。

《新序》："虞、虢共守之，晋不能禽也。"

"乌"：
古代文化中的神鸟

　　这一篇，我会接着上一篇留下的话题，揭晓乌鸦命名的原理。

　　民间有句俗话："乌鸦叫，没好事。"可见人们都对乌鸦有一种刻板印象，把它看作坏鸟。在这一篇中，我们就要回到汉字的源头，颠覆现代人对乌鸦的这一刻板印象。

乌

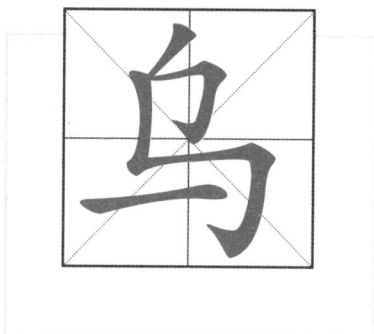

首先，我问一个问题：乌鸦为什么叫"乌鸦"呢？我想很多人都会说：因为这种鸟一身乌黑，又啊啊地叫，所以才叫乌鸦。这个答案只对了一半：乌鸦的名字的确跟叫声有关，但是"乌"这个字的本义却不是黑的意思。在古汉语中，"乌"是乌鸦的本名。我们现在看"乌"的字形也很容易发现，"乌"跟"鸟"这两个字很像——"乌"只是少了一点。在古汉字里，"乌"分明就是一个象形字，它像一只鸟的样子。

周代青铜器上的"乌"字

你仔细观察上面的插图后会发现：这三个周代青铜器铭文中的

"乌"字具有共同的字形特征——一只乌鸦正昂着头向天张着嘴。要不是缺少了长长的尾巴，"乌"还真有点儿像上一篇提到的"鸡"的古汉字。也许，乌鸦和公鸡具有相似的字形，是因为它们在古代神话中有一个共同属性。

神鸟:《山海经》里的三足乌

在很多神话传说中，太阳是被公鸡召唤出来的，但是《山海经》里的关于太阳的神话却有些不一样：这个故事说太阳原来都住在东方的一棵叫"扶桑"的大树上，太阳不能靠自己飞上天，只能靠乌鸦背着它飞过天空，完成一天照耀大地的使命。《山海经》里的这个神话在成都的金沙遗址博物馆的镇馆之宝身上得到了验证，这件镇馆之宝就是被称为"太阳神鸟"的一张金箔。

太阳神鸟金箔，商代，成都金沙遗址博物馆藏

这张金箔是远古蜀地先民的杰作，刻画了四只神鸟共同托举着一轮光芒四射的金色太阳。这很可能就是《山海经》中"神鸟托日"的形象再现。

在某些神话里，乌鸦还直接变成了太阳的化身。比如在"后羿射日"这个神话里，被后羿射死的九个太阳坠落地面后就变成了九只三足乌鸦。后羿射日的神话在中国源远流长，传播甚远，比如在古汉语中，太阳有一个"金乌"的别名；在汉代，太阳里的乌鸦形象频频出现在艺术品上；在著名的京剧《杨家将》里，"金乌坠，玉兔升"的唱词就是在提示白日西沉、皓月当空的时间背景。先民很崇拜太阳，因此对乌鸦也爱屋及乌，从不把它当成晦气、倒霉的象征。

孝鸟：古书里的"乌鸦反哺"

在秦汉时代，民间流行一个说法：百善孝为首。乌鸦就是一种代表孝顺的鸟。据说乌鸦会照顾自己年老的父母，报答养育之恩。百姓把乌鸦的这种行为称为"反哺"。乌鸦反哺虽然没有什么科学依据，但乌鸦反哺的传说早已经刻进我们的传统文化里，好多古书，比如东汉的《说文解字》、明朝的《本草纲目》都记载了乌鸦反哺的孝行。位于浙江的世界小商品之都义乌，就是因乌鸦反哺这个传说中乌鸦的孝义行为得名的。

善鸟：古诗词里的《乌夜啼》

到了南北朝的时候，乌鸦的叫声还被人当成吉兆呢。你知道《世说新语》的作者是谁吗？他可是南朝刘宋的一位王爷——临川王刘义庆。他有一回得罪了自己的皇兄宋文帝刘义隆，担心会大祸临头，整天在家忧心忡忡，茶饭不思，就怕哪一天皇帝颁布赐死自己的圣旨。一天晚上，刘义庆宅子里大树上的乌鸦突然啊啊乱叫。乌一般在晚上休息，所以这件事显得特别怪异。刘义庆的一位小妾就说："我曾经听说三国时候有一位大臣坐牢，他的女儿听到半夜里乌鸦叫，觉得是父亲将要被释放的吉兆，后来果然应验了。这一回我们家的乌鸦叫，预示着皇上一定会赦免王爷的。"第二天，宋文帝的赦免诏书果然送到了。刘义庆感慨万分，为此谱了一首曲子来纪念这次死里逃生，这首曲子就是后代诗词里经常提到的《乌夜啼》。你看，古人把乌鸦在家里叫当成好兆头，一点儿都不觉得晦气。

吉鸟：努尔哈赤的救命乌鸦

那么，乌鸦是如何从神鸟、孝鸟、善鸟，变成现在被人讨厌的鸟的呢？据学者研究，这种转折发生在宋代。有人推测，这跟中原地区的民族与北方游牧民族的冲突有关。到了唐宋时代，远古先民对太阳神鸟的崇拜已经淡出了中原百姓的信仰范畴，但是在北方的游牧民族中，人们依然十分崇拜乌鸦。

比如满族就一直把乌鸦当成神鸟，清朝入关后，皇族还专门在紫禁城里养乌鸦呢。传说清朝的努尔哈赤曾经在逃亡中受到乌鸦的保护。当时，努尔哈赤骑的马已经累死了，他只好趴在草丛中躲避追兵。奉命来杀他的追兵四下搜寻，眼看就要发现他的踪迹，就在这千钧一发之际，天上飞来一群乌鸦落在他身上。追兵根据常识判断，鸟见了活人肯定会飞走，于是就不再搜索草丛，骑马往远处追去了。努尔哈赤侥幸保住了小命，从此发誓自己的代代子孙都不能伤害乌鸦。

满族的这个传说应该就是来自大多数北方游牧民族的共同信仰。中国自从唐朝以后，契丹、女真、蒙古等北方民族纷纷南下统治中原。在当时的民族冲突中，中原地区的老百姓逐渐把对压迫自己的统治者们的怨气发泄到统治者崇拜的乌鸦身上——"恨屋及乌"。

音不变字变："Alexandra"与乌戈山离国

我们讲了乌鸦在古人心目中由好变恶的过程，再来说说古人为什么会把太阳神鸟称作"乌"。这可不是因为乌鸦被太阳烤黑了。事实上，"乌"代表黑，是后人从乌鸦的毛色引申出来的新意思。在古汉语中，"乌"这个字的读音就是模仿乌鸦的叫声。你可能会纳闷儿："乌"跟"啊"的发音完全不像啊，怎么能说"乌"这个字的读音是模仿乌鸦的叫声而来的呢？别急，我有一条有力的证据可以印证"乌"在古汉语中的读音就是乌鸦的叫声。这证据跟古希腊著名的征服者亚历山大大帝有关。

亚历山大大帝征服波斯帝国以后，把希腊人的势力一直扩张到中亚地区。他在现在伊朗高原的东部建立了一个以自己名字命名的城邦，这个城邦在后来的欧洲历史书里又被称为"东方亚历山大城"，在汉代古书中则被称为"乌戈山离国"。乌鸦的"乌"字，在汉代人的口音里就用来表示"Alexandra"的第一个字母 a 的发音了，而这不就是乌鸦的叫声吗？

<table>
<tr><td>鸦</td><td>鸹</td></tr>
</table>

后来，"乌"字的读音虽然变了，可是我们对乌鸦的称呼却没有跟着改变，所以又造出一个"鸦"字来。北方人管乌鸦叫老鸹（guā），这个"鸹"字也是后来的新造字，它其实也保留着古代"乌"字最早的读音呢。"鸦"和"鸹"这两个新造字都是"乌"在发展过程中变形而成的，而"乌""鸦""鸹"都是同一个字在不同

时代和地域的不同写法罢了。这种汉字的变化现象叫作"音不变字变"，我在后面的篇章中还会提到。

汉字除了可以做到"音不变字变"，还能做到"形不变义变"，我在下一篇中就来为你讲一讲这个有趣的知识。

词性解析

乌

1. 名词，属本义，鸟名，指乌鸦。

《楚辞》："燕雀乌鹊，巢堂坛兮。"

2. 名词，太阳的代称。

乌星暗没。

3. 形容词，黑色的。

乌衣、乌油、乌云密布。

4. 疑问代词，何；哪里。

乌足道哉？

字形复制，象形植物

在上一篇中，我们说到乌鸦的名字从"乌"（ā）到"鸦"到"鸹"，汉字在变，读音却没怎么变。

在这一篇中，我来讲汉字中另一种奇特的现象：一个字形可以自我复制，越变越多，然后产生新的意义。接下来我就用"草"和"木"这两个常见的汉字来演示一下汉字是如何自我复制的。

　　"草"字现在是个形声字，声旁是"早"字，形旁是"艹"。请注意，在与人体部位相关的几篇中，我曾讲过，"忄"就是"心"字的变形，"扌"是"手"字的变形，另外，"氵"其实就是"水"字的变形。那么"艹"呢，它是哪个字的变形？

小篆体"艹"

　　你可能已经学过，"艹"有个俗称叫"草字头"。是的，"艹"就是小草在古汉字里的象形。

　　现在的"草"字，最早并不是小草的意思，而是指橡子。《说文解字》里这样说："草，草斗，栎实也，一曰象斗子。"在古人的心目中，"艹"才是表示小草标准的写法，你看插图里的古汉字——它完全就是小草的象形。

　　你再仔细观察甲骨文"艹"的写法，是不是也觉得它像是一株在风中摇曳的小草呢？

　　看了这个写法，你可能还有疑问：为什么这个甲

甲骨文"艹"

骨文的"草"字只有后来"艹"的一半呢？虽然只有一半，但这个字也是"草"的意思。不过这种写法流传到汉代就鲜为人知了，只有一些文化水平非常高的文人使用，比如东汉最了不起的史学家班固在编写《汉书》时就把"草"写成这个样子。

一株草是草，两株草也是草。诗里说得好："野火烧不尽，春风吹又生。"野草的生命力是非常顽强的。汉字的发展也能证明野草野蛮生长的个性。三株草叠在一起就是一个字——花卉的"卉"。

《说文解字》说，"卉"是草的总称。为什么多了一株草的象形字就变成草的总称了呢？在老子的《道德经》里有这么一句话："道生一，一生二，二生三，三生万物。"在古汉语里，"三"这个数字常常被用来代表事物的总称。比如孔子说过一句著名的话："三人行，必有我师。"这三人不是实际的三个人，而是说在人群中总能找到比自己强的人。"三"这个字的妙处在古汉字中也有体

小篆体"卉"字

现——三株草叠在一起就表示好多草了。

那么四株草叠在一起是什么汉字呢?

四株草叠在一起是"莽"字的象形字。篡夺西汉天下的王莽就用的这个"莽"字做名字。这四株草的"莽"字的本义就是草木长得非常茂密的样子。"三"已经代表数量很多的意思,"四"代表的就不是一般的多了。"蓁蓁莽莽"就是用来形容杳无人迹的原始森林的。后来,"莽"字当中有一个"犬"字,就是表示在茂密的丛林中只有动物出没,根本没有人的行迹。

小篆体"莽"字

四株草叠在一起的"莽"字还会在一些很常用的古汉字里头做偏旁，比如"莫"字。

"莫"的古汉字象形写法是草莽当中的一轮圆日，代表夕阳西下，太阳已经沉到地平线上的密林深处了。我们从"莫"字的字形就能猜出来，它的本义就是黄昏。

甲骨文"莫"字

"莫"字象形的场景

朝

你读到这里可能会问：古人怎么知道太阳掉在密林里就代表黄昏呢？清晨时太阳东升，也可以从密林里升起来嘛。好问题！其实古人在造字时的确认真思考过如何分辨黄昏和清晨这个问题，所以他们造了"朝"字，表示早晨的意思。

你看插图里"朝"字的甲骨文，比"莫"字多了一个部分，这个看起来弯弯的笔画代表月亮，所以"朝"的意思是太阳刚刚从地

甲骨文"朝"字

平线上升起来，月亮还没有在天空中完全消失呢。

俗话说得好，人多力量大。草叶虽然柔弱，但从一株草增加到四株草，却是由"草"字变成了"莽"字，可见草叶也能发挥惊人的力量。在历史上，就流传着草叶帮人打胜仗的故事。

结草衔环

《左传》里有一个小故事：

晋国的大将魏颗在跟秦国打仗的时候，被秦国的猛将杜回紧追不舍。杜回眼看就要逮住魏颗了，却突然一下子重重地摔了个嘴啃泥，顿时头破血流。这下魏颗不仅保住了小命，还捡了个大便宜——俘虏了杜回，立了个头功。魏颗纳闷儿：自己的运气怎么这么好呢？他低头一看，地上的草不知道怎的都连在一起，成了一根草绳，刚巧把杜回给绊倒了。

到了晚上，魏颗做了一个梦：有个白胡子老头告诉他，白天绊倒杜回的草绳就是他编的。他这么做是感谢魏颗曾经救过他的女儿。看来"好人有好报"这句老话说得没错。小草看似柔软无力，团结起来，却有着惊人的力量，能扳倒秦国的猛将。后来这个故事就成了成语"结草衔环"的一部分，用来表示对别人恩惠的深厚感激之情。

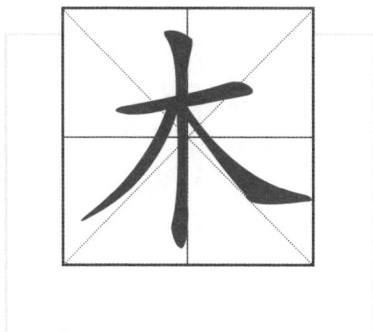

"草"的字形不断自我复制，但表示的意思还都跟草有关。这种

情况也同样出现在"木"这个字上。"木"字现在指的是
木头、木材，但在古汉语里，"木"字就是树木的意思。

　　甲骨文的"木"字跟"草"有点儿像，但一眼就能
看出笔直挺拔的气势来。有了刚才"草"字复制变化的
例子，你应该知道"木"字都能自我复制出哪些汉字了，
比如我们都熟悉的"林""森"两个字。古人通过增加个
体数量来创造新字的方法，是会意字的造字原理之一。
这里我想要着重为你讲的是插图里的这三个字。

甲骨文"木"字

　　这三个字都是在"木"字的身上做文章：在"木"的底下加一

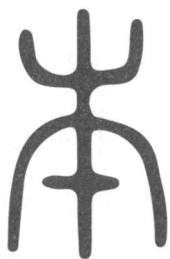  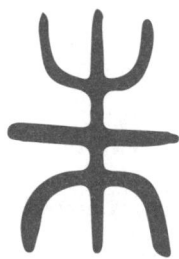

小篆体"本"字　　　　小篆体"末"字　　　　小篆体"朱"字

横，指的是树的根部，这个字就是"根本"的"本"，"本"的本义就是树的根部。在"木"的顶上加一横，指的是树梢，这个字就是"末梢"的"末"，"本末倒置"这个成语就是用树木的生长结构来打比方。第三个字是在"木"字的中间加一横，这又是什么字呢？这个字就是"朱"字，它的本义是指树木露出地面的部分，其实就是"守株待兔"的"株"的本义。"守株待兔"这个成语故事里的笨兔子就是撞死在露出地面的树桩子上的。

"本""末""朱"这三个字，就是在"木"字上增添笔画，表示了树的不同部分。这种用抽象符号笔画来表示意义的造字法就叫作"指事"。"本""末""朱"这三个字的造字法算是"木"字比较特殊的一种自我复制的方式了。

草木皆兵

就跟小草有团结的力量一样，树木团结起来也能成为抵挡强敌的士兵。我在这一篇的末尾就讲一个与成语"草木皆兵"有关的故事吧。

　　这个故事发生在著名的淝水之战的前线，前秦皇帝苻坚率领八十万大军准备一举吞并南方的东晋。东晋军在宰相谢安的部署下，团结一致，准备迎敌。苻坚的军队有许多异族将领，他们并不与皇帝同心同德，各自打着小算盘。所以，苻坚的军队虽然人数是东晋的十倍，但进军的步调不一致，有的快有的慢；而东晋一方，将帅士兵一体同心，都有誓死保卫家园的决心。

　　苻坚的先头部队被东晋的军队多次击退。苻坚登上前线城楼瞭望敌情，只见淝水对岸的东晋军队排列整齐，士气高昂，仿佛是平原上的一排排挺拔的树林，一直延伸到远方的八公山上。

　　苻坚的心被东晋军队恢宏的气势动摇了，突然分不清远处是人还是树，只觉得八公山上的每一棵树都是一个手执长矛的武士正严阵以待。他倒抽了一口冷气，对旁边的人说："这真是一队强敌啊，是谁说东晋没有多少士兵的？"

　　这就是著名的"草木皆兵"的典故。草木皆兵不仅是因为苻坚精神恍惚产生了幻觉，更是因为东晋兵团结一心的坚定意志起到了强大的威慑作用。

词性解析

末

1. **名词，属本义，树梢。**

《孟子》："不揣其本，而齐其末，方寸之木可使高于岑楼。"

2. **名词，指事物的末尾。**

《史记·平原君虞卿列传》："夫贤士之处世也，譬若锥之处囊中，其末立见。"

3. **名词，古代工商业的代称。**

《论积贮疏》："今殴民而归之农，皆著于本；使天下各食其力，末技游食之民，转而缘南亩，则畜积足而人乐其所矣。"

4. **名词，传统戏曲中中年男子的角色。**

正末、副末、外末、小末。

5. **名词，末期；晚年。**

季度末、末期。

6. **名词，细的粉末。**

茶叶末、粉笔末、中药末。

7. **名词，盖在车轼上遮蔽风尘的帷席。**

《荀子》:"……寝兕、持虎、蛟韅（xiǎn）、丝末、弥龙，所以养威也。"

8. 形容词，卑微。
末臣、末官（卑小的官）。

9. 形容词，低级的。
末流、末位。

10. 形容词，细微的、微不足道的。
细枝末节。

11. 形容词，没有根底的。
末学肤受。

12. 形容词，薄的。
《左传》:"治国制刑，不隐于亲。三数叔鱼之恶，不为末减。"

五谷汉字里的农业文化

有一句成语说得好："民以食为天。"中原百姓一向喜欢吃谷物，谷物是中原百姓最重要的食材，是人们的主食。传统文化中所谓的"五谷"就是中原百姓最常吃的五种粮食。

在这一篇中，我主要围绕五谷的名字，讲讲这些代表粮食的汉字背后的文化秘密。

谷

五谷究竟是指哪五种粮食作物呢？在古籍中，有两种说法。第一种比较早的说法认为五谷是指麻、黍、稷、麦、菽；第二种说法出现在战国时期，时代稍晚一点儿，把麻换成了稻。两种说法只有一字之差，但这一字之差却深刻地反映了中国南方和北方的地域差异。

此话怎讲呢？在解答这个问题之前，我先请你问问家里的长辈，五谷的"谷"在你的家乡指的是哪一种粮食呢？根据我搜集到的信息，谷子在中国的南方和北方指的不是一种粮食。在南方农村，谷子指的是稻谷，而在北方农村，谷子指的是小米。你从长辈那里得到的答案是什么呢？

我国幅员辽阔，南方和北方的气候差异很大，水稻一般种植在雨水丰沛的南方。考古学家经过研究证明，水稻的起源地就在中国的南方地区。"稻"后来才出现在五谷之中，其实就印证了"五谷"这个说法最早应该反映的是北方中原地区的农业文明。

关于五谷的两种说法一共提到了六种粮食——麻、黍、稷、麦、菽、稻。这六种粮食还可以大致分为两类。我们从代表它们的汉字上就能看出来分类的逻辑："稻""黍""稷"这三个字有一个共同的偏旁——禾苗的"禾"字；而"麻""麦""菽"都没有禾字旁。这种区别代表什么意义呢？我们要想弄清楚这个问题，就要先知道"禾"是什么。

"禾"跟"谷"一样，也是古汉语里对粮食作物的总称。我把甲骨文的"禾"字跟稻、黍、稷的图片放在一起，你来看看它们的共同点是什么。

黍是现在北方吃的黏黄米；稷就是小米。现在"禾"字上头一撇，原来在甲骨文里是象征被粮食饱满的穗子压弯的顶端，这跟稻、黍、稷这

甲骨文"禾"字

稻

黍

稷

三种作物谷粒成熟以后的样子几乎一模一样。"禾"字就是仿照粮食作物成熟时的共性造出来的象形字，因此成了粮食的总称。

读到这里，你可能会产生疑问：麦穗成熟后也会压弯头，为什么"麦"字里就没有"禾"字旁呢？下面，我就从历史和传说两个方面来回答这个问题。

我们先来看下面插图中"麦"字在甲骨文、金文和小篆里的不同写法。

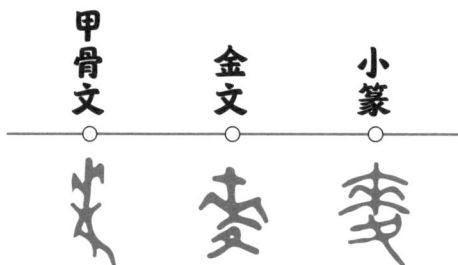

"麦"字从甲骨文到小篆的演变过程

虽然"麦"的上半部分看起来有点儿像一株植物，但跟"禾"

字差得挺远的。那"麦"字的写法到底代表什么意思呢？

"麦"是一个形声字，我们看繁体字"麥"的上半部分是一个繁体的"來"字，这是"麦"的声旁。现在"麦"和"来"完全不同音，但在古代它们的读音却差不多。

"麥"字的下半部分就是形旁了。我曾在一篇关于"手""足"的汉字文化的文章里介绍过这个形旁——它象形的是一只向下的脚丫子。如果象形的脚丫子冲上，那么这个古汉字就表示往外走；如果象形的脚丫子向下，那么这个古汉字就有"来到"的意思了。

为什么"麥"字要用一只表示"来到"的脚丫当形旁呢？原来，麦子跟稻、黍和稷相比，有一个最大的不同。考古学家和农业学家经过研究，已经证明：中国人是世界上最早种植稻、黍、稷这三种粮食的人。而麦子原产于地中海东岸的中东地区，大约是在 4500 年以前传入中国的，所以汉代《说文解字》就说麦是从天而来的。这种说法当然是没有依据的夸张，但也从侧面说明用"麥"来代表这种粮食，就是因为它是外来的。

麦子传进中国以后，中原地区的老百姓在很长时间里都不懂得把麦子加工成面粉，再做成面条、饺子。古人是把麦粒直接当稻米饭吃的。麦粒比较硬，不容易消化，所以古人一开始不太喜欢吃。

晋景公吃麦子一命呜呼

古人吃麦子，如果运气不好，还能丢了性命呢。谁会这么倒霉呢？春秋时晋国的国君晋景公，就在吃麦子后一命呜呼了。晋景公是大名鼎鼎的霸主晋文公重耳的孙子。晋景公也是一位挺有作为的君主。据说有一天，他做了一个噩梦，梦见一群厉鬼向他索命。他被吓出了一身冷汗，赶紧找来一个巫师给他解梦。巫师掐指一算，眉头紧皱，叹了口气说："您恐怕活不到尝新麦子的时候了。"

时间一晃就到了收割新麦的季节，晋景公一看自己身体还好好的，就命令下人准备了一锅麦饭，再把巫师抓来。晋景公当场吃麦饭给巫师看，然后就下令把这诅咒他的巫师推出去斩首。得意的晋景公开心地大吃起来，突然觉得肚子胀要上厕所，就赶紧往茅房跑，没想到竟然脚底打滑掉进大粪坑里溺死了。

晋景公之所以会突然肚子胀，很可能是因为过惯了锦衣玉食的生活，肠胃一时消化不了麦饭，结果就落得这样难堪的下场。

五谷里的麻和菽，分别是苴麻的籽儿和豆子，这两样跟麦粒一样都比较硬，是难消化的作物。相比之下，稻、黍、稷这三样作物在煮熟了之后就有又软又糯的口感，所以特别受古人欢迎。于是只有"稻""黍""稷"这三个字会带表示粮食总称的禾字旁。古人用这种方式彰显它们在日常生活中作为主食的重要地位。

稷

在任何一个时代，主食的地位都是非常崇高的，崇高到什么地步呢？古人把国家称为"江山社稷"。"社"原本是土地神，而"稷"呢，除了表示农作物，还是谷神的名字。传说这位谷神就是周人的祖先后稷。

后稷的故事

后稷是后人的尊称："后"在古汉语里是君主的意思，"稷"指小米，"后"和"稷"合在一起就是小米之王、粮食大王的意思。

后稷的原名叫作"弃"。据说，他叫这个名是因为他传奇的出生经历。他的母亲姜嫄因为踩了天神的脚印才怀孕生下他。族人认为他是没有父亲就能来到人世的妖怪，决定把他遗弃在山林里喂野兽。可是，他遇上了好心的樵夫，被带了回来。族人又把他遗弃在牛羊回栏的必经之地，想让牛羊踩死他。可是，从野外放牧回来的牛羊看到地上的宝宝，都小心翼翼地绕开了。最后族人们把他遗弃在结冰的河面上。他被冻得哇哇直哭，引来了一只大鸟。这只大鸟把他护在自己的羽毛下保暖，救了他一命。

族人们一看后稷总能死里逃生，相信他真有天神护佑，才抱回来养大。族人们遗弃了他三回，就给他起了"弃"这个名字。弃从小最喜欢的就是研究各种植物的种子，自己培育种植，最后就培育出了小米这种最受古人喜爱的粮食。从此，他带领周民族开始了农耕定居的生活。

农业是历代中原王朝立国的绝对重心，而"稷"更是国家的重中之重，与"社"一起成为国家的象征。

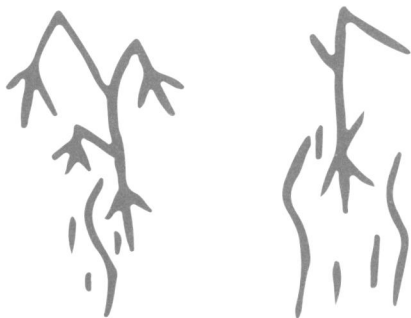

甲骨文"黍"字

考古学家发现，早在七八千年以前，中国的先民就已经开始种植稷了。但是中国最早的粮食作物并不是稷，而是黍。黍是今天所称的黄米，它的栽培历史更久远，距今已经有一万年的历史了。

066

在古汉字里，我们也能看出古人对黍的重视。甲骨文的"黍"字，上半部分是"禾"，下半部分是"水"，这好像代表了古人给黍灌溉的样子。"黍"的字形可以说明古人为了种植黍，已经开发出农田水利灌溉系统了。现在"黍"字的下半部分就是从"水"变形而来的。

度量衡的标准

黍对于古人的意义可不局限于填饱肚子。在古人眼里，黍是关系到天地之间一些非常重要的基本秩序的。

中国古代度量衡的基本单位就是由黍来决定的。度量衡就是长度、体积和重量的单位。在中国，制定度量衡的标准一直被看作天子的特权。秦始皇统一中国，必须要做的事之一就是统一度量衡。故宫太和殿前放着一个汉白玉做的嘉量，这也象征着皇帝控制度量衡、为天下设定标准的权力。那么，皇帝究竟是怎样制定度量衡的标准的呢？

古代有一种特别的方法：挑大小适中的黍粒，一百粒并列形成的长度，就是长度基本单位一尺；体积的基本单位叫"龠（yuè）"，大小相当于一千两百粒黍粒；重量的基本单位叫"铢"，就是一龠黍粒的重量。

你看，天地间的基本秩序就是从一颗小小的黍粒开始的。现在你对"民以食为天"这句成语，应该有更深的认识了吧。

词性解析

▽

稷

1. 名词，属本义，粮食作物。

《本草纲目》："黏者为黍，不黏者为稷。"

2. 名词，引申为庄稼和粮食的总称。

《桃花源诗》："桑竹垂余荫，菽稷随时艺；春蚕收长丝，秋熟靡王税。"

3. 名词，古代主管农事的官。

稷官。

4. 名词，五谷之神。

《咏史》："社稷依明主，安危托妇人。"

| 20 |

"龙"与"凤"
都是象形字

　　在这一篇中，我们要讲一个神秘的主题——四神。

　　四神，又被称为"四灵神兽"，它们是古人崇拜的镇守四方的四种神兽，分别是东方青龙、南方朱雀、西方白虎和北方玄武。你可能对朱雀和玄武感到陌生，其实它们就是凤凰和乌龟。在这一篇中，我们先讲四神里的龙和凤。

龙

中原地区的百姓称自己是"龙的传人"，可见龙在中华文明中有非常重要的意义。很多人都想知道龙到底是一种什么样的动物。有人说，龙是古人根据自己的想象，综合了很多动物的形象虚构出来的；也有人说，龙其实是中华民族在发展壮大的初期，把很多不同部落崇拜的图腾叠加，形成的新图腾；还有人说，龙就是一条大蛇，只不过被古人神化了一番。

关于龙的来历，还有过不少说法，可惜，这些说法大都没有确凿的证据。不过，有一种与众不同的说法引起了我的特别注意——从古汉字里，我们能隐约看出龙鲜为人知的真身。我们赶紧看看"龙"这个字是怎么写的吧。

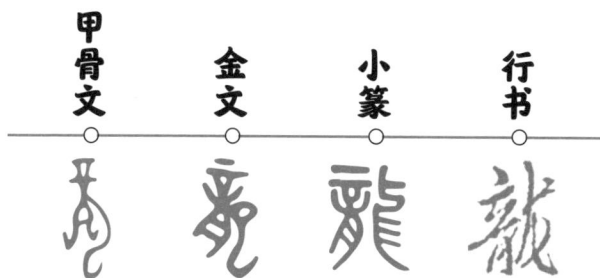

甲骨文	金文	小篆	行书

"龙"从甲骨文到行书的演变过程

在上页的插图中，从左到右分别是甲骨文、青铜器上的金文、小篆和王羲之行书中"龙"的写法。我们在小篆体的"龙"字上，就能清晰看到繁体字"龍"的字形了。而从王羲之的行书"龍"字，我们就能看到原来现在我们写的"龙"字，就是从繁体"龍"字的右半边简化来的。

根据甲骨文和金文的形体，我们可以明确一点："龙"原本是一个象形字。

在古汉字的描绘中，龙有三个突出的特征：首先，龙的头上长着像角一样的东西；第二，龙有一张特别大的嘴，开口朝下；第三，龙有一个细长的身体。这些都跟我们现在熟知的龙的样子基本一致。但是有一点跟我们现在知道的龙的形象不一样，古汉字的"龙"身

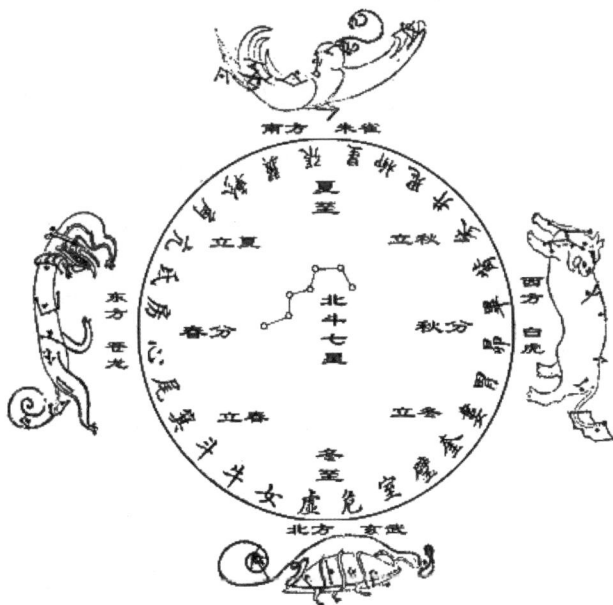

中国古代文化中的"四灵神兽"

上没有爪子。另外你要注意，甲骨文和金文的"龙"字都有一个弯成钩形的尾巴。

我们知道了古汉字里"龙"的形象，该到哪里去寻找真龙的踪影呢？我给你一个提示，不要把注意力放在大地上，你仰望星空的时候，反而能看到巨龙飞过天际。这话怎么讲呢？我要把事情说明白，还得先来说一说四灵神兽到底是什么。

"龙"字与青龙七宿

古人创造出的这一组神兽都"生活"在天空中。在中国古代文化中赫赫有名的"四灵神兽"东方青龙、南方朱雀、西方白虎和北方玄武都是天上的星座组成的动物形象。我曾经在《王弘治给孩子讲西游记》中对二十八宿进行过深入讲读，二十八宿是拱卫着北方天极的一圈星座，分为四组，每七个就组成了一个神兽的形象。四灵神兽在四方的位置正是不同星宿在天球上分布的不同方位。

青龙的形象就是由二十八宿中的角、亢、氐、房、心、尾、箕这七个星宿组成的。你如果身处现代城市，恐怕很难看到满天星斗了。我把星图中的青龙七宿组成的图形放在插图中，你看甲骨文中"龙"字的三大特征是不是都原原本本地体现在璀

甲骨文"龙"字

璨的群星中了?

《说文解字》在解释"龙"这个字的时候提到:龙在每年的春分时节会飞上天空;而到了秋分的时候,就会潜回水底。这种水天两栖的情况,其实就是在提示青龙星宿在不同的季节的观测位置。

每到初春时分,黄昏的时候,古人就能看到青龙七宿的角宿慢慢从东方的地平线上升起。俗话说,"二月二,龙抬头",讲的就是农历二月初,古人能在黄昏时看到龙星升起。而到了秋分前后,古人在黄

青龙七宿星图

昏时看到的是西方的白虎星宿从地平线上升起来。秋分前后,青龙在地平线下,古人无法用肉眼看到它,就认为青龙潜入水底了。

古人把夜空中的星座连成了一条巨龙,并且把对它的景仰和崇拜浓缩进汉字,一直流传了下来。我曾讲过伏羲氏仰观天文而造字的说法,这种说法在创造"龙"这个字时可谓得到了充分的体现。

凤

古人把南方星宿代表的神兽叫作"朱雀"，而不是称为"凤凰"，这是有讲究的。我们从古汉字里能看出"凤"字其实有别的原型。

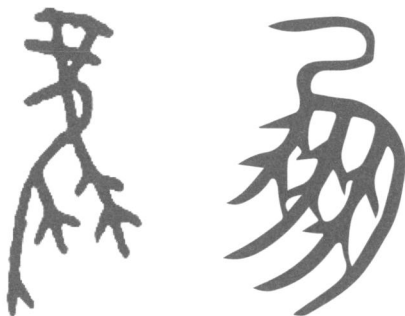

甲骨文"凤"字　　　小篆体"凤"字

插图中展现的分别是古汉字里"凤"字的两种不同写法。

第一种写法是象形字。这个字像一只长尾巴的鸟，头上还顶着龙角一样的冠。有人猜测，凤的形象可能来自孔雀或者公鸡这种长着长长尾羽的鸟。

第二种写法也是象形字。这个字也像一只长尾鸟，可是《说文解字》却说这个字其实是朋友的"朋"，因为"朋"在古汉语里有聚集在一起的意思——所谓"朋友"，就是常常聚在一起的人。凤凰作

为百鸟之王，出行的时候，总能聚集一群鸟儿一同飞翔，这就叫作
"朋"了。

你可能觉得《说文解字》的这种解释太
牵强了，不太靠谱。不过，朋友的"朋"字
确实跟鸟有很深的关系。你想想，如果"朋"
的右边加一个"鸟"，是什么字呢？对了，就
是《庄子·逍遥游》里讲的一飞九万里的
"鹏"呀。

在古汉语中，"鹏"和"凤"一样都是神
鸟的意思。不过在有些传说中，这种神鸟跟
《西游记》里狮驼国的大鹏精一样，是给人间
带来灾难的妖魔。这又是怎么回事呢？故事还得从"凤"字的写法
说起。

甲骨文"鹏"字

风

你也许早就注意到了，简体的"凤"字跟"刮风"的"风"有点儿像。其实，这两个字在古汉字里还有一点儿渊源。

现在的"风"字其实已经不是古汉字里最初象形的写法了，而是一个形声字。我们看繁体的"鳳"字，里边的"鳥"字是形旁，去掉"鳥"字以后剩下一个平凡的"凡"字是声旁。而繁体的"風"字也是用"凡"做声旁，下边是一个"虫"字。这个"虫"不是昆虫的意思，古汉语里可以把一切动物统称为"虫"，鸟当然也在其中。所以，"凤"和"风"原来在很久以前是一个字。

《淮南子》里的怪兽大风

在古书中有一种很厉害的鸟就叫"大风"。西汉的《淮南子》这本书里说，在共工怒触不周山以后，天地一片混乱，各种毒虫猛兽肆虐人间。大风就是为害人间的几大怪兽之一，它的一双利爪可以轻松抓起老人和小孩儿，把他们当食物。后来多亏了英雄后羿用带绳子的箭捕杀了大风，人间才少了这一害。

吕安题"凤"

繁体的"鳳"字是由"凡"和"鸟"组合起来的。古时候还有人专门利用这个字形跟人开玩笑呢。

"竹林七贤"中有一位会弹《广陵散》的嵇康。他有个哥哥叫嵇喜。嵇喜这个人能力也很不错，但与弟弟嵇康的志向不同，他喜爱当官。所以嵇康的名流朋友们都有点儿看不起嵇喜，比如"竹林七贤"中的另一位名士阮籍，看见嵇喜就翻白眼，一点儿不给面子。不过，阮籍的态度还不算最过分的。嵇康的另一位好友吕安，有一天来拜访嵇康，却遇到嵇喜单独在家。吕安见状不仅拒绝进门，还随手在他家门上写了一个"鳳"字就走了。嵇喜出门看到吕安留的"鳳"字，心想凤是百鸟之王，当初诸葛亮和庞统被人称为"卧龙凤雏"，多了不起啊，越想越高兴。但是，嵇康回来看到门上的"鳳"字却明白吕安其实是在隐晦地批评嵇喜不过是一只凡鸟而已。这个故事和《淮南子》里的大风传说一样，都让我们看到凤与一般神鸟不同的形象。

在下一篇中，我会接着讲"四神"主题里的另外两个神——龟和麒麟。我为什么不接着讲玄武和白虎呢？我在这里留个悬念，到下一篇详细来说。

词性解析

龙

1. 名词，属本义，古代传说中一种有鳞有须，能兴云作雨的神异动物。

《易经》："飞龙在天，利见大人。"

2. 名词，代指封建时代的皇帝。

《论衡》："祖龙死，谓始皇也。祖，人之本；龙，人君之象也。"

3. 名词，代指豪杰之士。

人中龙凤。

4. 名词，代指骏马。

《周礼》："马八尺以上为龙，七尺以上为騋（lái），六尺以上为马。"

5. 动词，比喻文章、书法气势恢宏。

笔走龙蛇、龙骧豹变。

6. 动词，方言，形容轮胎、瓦圈等形状不规则，歪拧不圆。

这车轮胎龙了，没法走了。

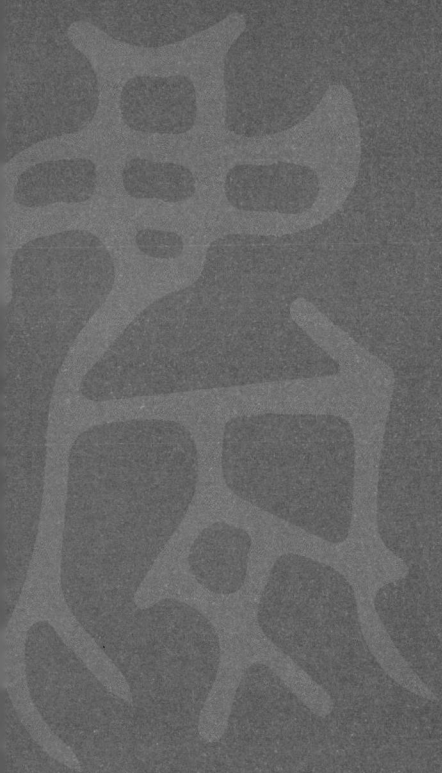

"龟"与"麟"：没落的上古神兽

在这一篇中，我们来说说"乌龟"的"龟"和"麒麟"的"麟"字。乌龟是怎么从上古灵兽变成了今天骂人的话的？麒麟又是一种什么样的动物呢？我们可以从汉字里头找到解谜的线索。

在开讲之前，我先来教你一个小技巧——怎么写繁体字"龜"。在古代的科举考试中，这个技巧可是能派上大用场的。古时候，科举考试的考官对卷面字迹有极高的要求。考生需要用毛笔写小楷，每个字都要写得一般大。一个考生如果在卷子上写的毛笔字有大有小，那可能就及不了格了。

"龜"这个字笔画比较多，写起来肯定特别复杂。考生要把这个字写得和其他字一样大，又必须写对、写好看，真不容易。但是，如果古时候的考生是从古汉字"龟"学起，那么写好"龜"这个繁体字就不难了。

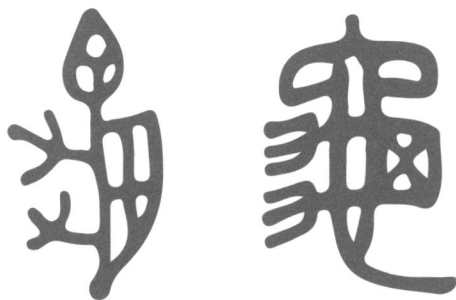

甲骨文"龟"字　　　小篆体"龟"字

你看看上面的插图，可能会笑出声来吧。原来在古汉字里，"龟"就是一幅小乌龟的简笔画啊。对，"龟"就是一个标准的象形字：首先是小乌龟椭圆的脑袋；然后在脑袋下边，用竖线画上一段身体，别忘了往左勾的小尾巴；再在右边把小乌龟的龟壳给加上去，在龟壳里边打个叉，表示乌龟壳上的裂纹。这样看起来，小乌龟马上就画好了，不，写好了，最后一步是"画龟添足"，在左边横着画上两条腿，大功告成！古人只要见过小乌龟，在写字的时候脑海里浮现出小乌龟的样子，就能写好繁体字"龜"。你也可以根据这个步骤尝试一下。

我们了解了繁体字"龜"的写法，再来了解一下作为神兽的龟都经历了哪些变化，是如何一步一步从上古神兽变成大家都有点儿嫌弃的动物的。

在古人的心目中，乌龟的崇高地位一点儿也不比龙、凤低。乌

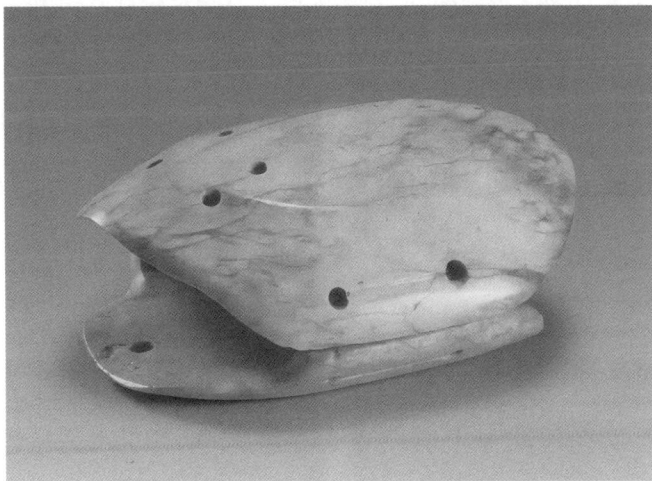

凌家滩玉龟，新石器时代，故宫博物院藏

占卜龟甲，商代，中国国家博物馆藏

龟壳的形状是背部隆起，腹部平坦，好像笼罩大地的穹庐。因此在古人眼中，乌龟就像一个微缩版的宇宙。古代的巫师们觉得从乌龟的身上能看出天地间的各种秘密。

你看前一页和本页两张插图，一张是距今几千年以前凌家滩遗址出土的占卜玉龟，这是我们国家的国宝级文物了；另一张是殷商时期用来向鬼神占卜吉凶的龟甲，上面还刻着甲骨文呢。我国考古学家把发现的最古老的汉字命名为甲骨文，就是因为这种文字是刻在龟甲或兽骨上的，所以乌龟跟汉字有着源远流长的不解之缘。

上古关于乌龟的灵异传说特别多，到了战国秦汉时期，乌龟就当之无愧地成为守护天地的四方的四个神兽之一了，而且还有了一个名字——"玄武"。不过，乌龟的神兽形象在此时发生了第一次转变。

从下面的插图中你一眼就能看出来，在从古代流传下来的"四神"图案上，乌龟的身上缠绕着一条蛇。玄武本来是乌龟，怎么突然变成龟蛇合体了呢？这可能就是汉字字形给古人造成的误会。

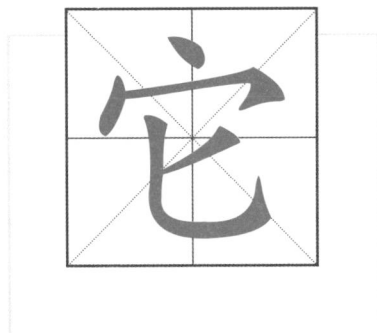

玄武龟蛇合体的形象多见于汉代。因为在秦汉的小篆和隶书的"龟"字写法中，表示乌龟身体的那一部分跟表示蛇的古汉字"它"的字形很相像。你肯定也知道，"它"这个字表示动物，你看下一页插图中这个古汉字的字形，有弯转的身体和扁平的头颈，很像一条昂首吐信的眼镜蛇。你再看小篆的"龟"字，像不像一条眼镜蛇钻进了乌龟壳？

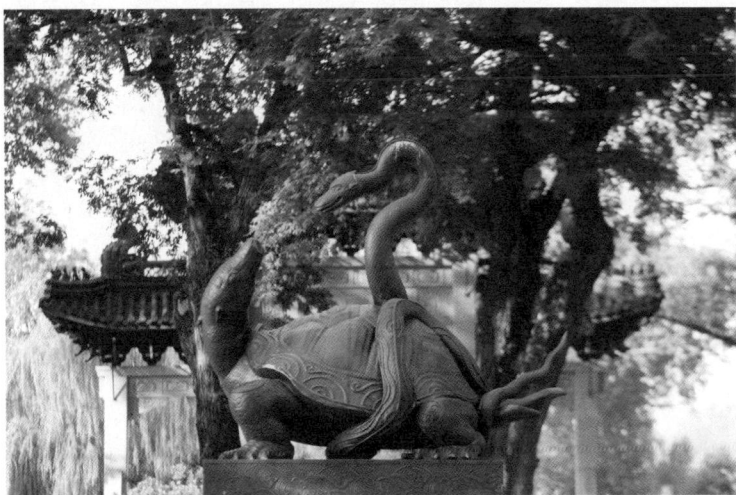

玄武雕塑，现代，南京玄武湖公园

金文"它"字　　小篆体"它"字

所以，玄武龟蛇合体的造型很可能就是从"龟"的字形演变而来的。

自古以来，中国人就喜欢乌龟。据说，唐代大诗人白居易的侄子小名叫"阿龟"，大名叫"龟郎"；南宋大诗人陆游的心爱之物就是一顶用乌龟壳做的帽子。现在如果有人取名为"阿龟"或者戴一顶龟壳做的帽子，别人一定会觉得太别扭了。那么，乌龟的形象为什么会一落千丈呢？其实，这种尴尬的转变也跟汉字有关系。

眼镜蛇

元朝的"龟奴"

　　龟变成人们的一种忌讳是从元朝开始的。在元朝社会，人被分为十等：一官、二吏、三僧、四道、五医、六工、七猎、八娼、九儒、十丐。当时的社会不仅给百姓分了等级，还规定了不同等级的人穿的衣服，比如八娼是指开妓院的，规定戴绿帽子、穿绿衣服。时间一长，戴绿帽子、穿绿衣服逐渐变成了一种被人嫌弃的装扮。有人就拿这身打扮开玩笑，把打扮成这样的人比作绿毛龟，叫他们"龟奴"。于是，乌龟因此受到牵连，名声扫地了。

　　我们知道"四灵神兽"是指青龙、白虎、朱雀和玄武，没有麒麟，但这其实是到了汉代才固定下来的说法。战国的时候，相比于令人生畏的老虎，人们还是更喜欢麒麟这种动物。因为在传说中，麒麟是一种仁兽——一个地方只要有麒麟出现，肯定风调雨顺、和平安定。所以，麒麟才是本来的四灵之长。

孔子与麒麟

儒家最讲仁义，所以在后世的传说中，儒家的宗师孔子也成了麒麟的化身。晋代古书《拾遗记》中记载，孔子快要出生的时候，他母亲住的大杂院里来了一头麒麟，麒麟从嘴里吐出天书，天书上写着：水精之子，继商周而素王出。孔子的母亲知道这是神明感应，就拿出一匹绸缎系在麒麟的角上表示感谢。麒麟走后，孔子很快就诞生了。

七十多年以后，在孔子生命的最后那段日子里，鲁国又发现了麒麟。这件事发生在鲁哀公十四年的春天，鲁哀公和一群贵族到鲁国的西郊打猎，抓到一头鹿不像鹿、牛不像牛的野兽。鲁哀公从来没见过这种野兽，心想它该不会是什么大凶之兆吧。于是，鲁哀公就把在家正编写史书《春秋》的孔子请来看一看。孔子一见这头野兽，马上跪倒在地，双手抚摸着野兽的尸体，泪流满面。原来，这就是传说中的太平神兽麒麟。孔子哀悼这头死去的神兽说："你为什么要来这个乱世啊？"没过多久，孔子便去世了，他的《春秋》就

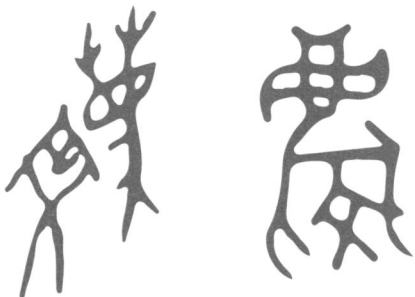

甲骨文"麟"字　　金文"麟"字

终止在鲁哀公捕到麒麟这件事上，从此才有《春秋》绝笔于"获麟"这个说法。

　　麒麟到底是一种什么样的动物呢？汉字也许能给我们提供一点儿解密的线索。

　　《说文解字》这本古代字典解释得很清楚：麟是一种大型的母鹿。在甲骨文和金文里，"麟"是一个形声字，它的形旁就是一只头上长角的鹿，声旁是"吝"字。《说文解字》也解释了"麒"字的意思——公鹿。原来，麒是公鹿，麟是母鹿啊。

　　从汉字的角度看，麒麟跟鹿应该有很深的联系。《说文解字》还特别提到麒有麇鹿的身体、牛的尾巴，头上只有一只角。麇鹿在鹿的家族中是很特殊的一个种类。跟其他的鹿种相比，麇鹿是一种性格很温顺的鹿，不好斗。据说动物工作者在野外抓小麇鹿给它们装

《瑞应麒麟图》，明代，台北故宫博物院藏

上标识身份的名牌，麋鹿妈妈只会在远处静静地看着。如果是梅花鹿看到自己的宝宝被人类抓住，早就一头撞上来了。从麋鹿的脾气来看，它的确称得上是仁兽。更重要的是，麋鹿还有一个外号——"四不像"。麋鹿为什么被人这样叫呢？据说麋鹿虽然头像马、角像鹿、蹄像牛、尾巴像驴，但既不是马，也不是鹿，又不是牛，更不是驴，所以才得了"四不像"这个外号。这跟古代传说中麒麟的样子还真有点儿像。

除了麋鹿能成为麒麟的候选动物，到了明朝，郑和下西洋的船队在海外还找到了另一种麒麟的候选动物。你看上一页的插图，画的是郑和从榜葛剌国，也就是现在的孟加拉国带回来献给永乐皇帝的一件贡品。这幅图的名字叫《瑞应麒麟图》。图上的动物，你一看就知道它是长颈鹿，但古人从来没见过这种野兽，就管它叫"麒麟"。这个叫法甚至传到了日本，直到现在，日语中的长颈鹿还被叫成"麒麟"呢。

话说回来，孔子当年见到的是长颈鹿吗？其实现代学者关于麒麟的真身还有一种新的猜测。你看下页这张插图里的动物，你认识它是什么动物吗？它可是一只比大熊猫还稀有珍贵的动物——霍加狓（pí）。文明世界的人类直到二十世纪初才知道在非洲雨林的深处还生存着这种动物，而且数量非常稀少。国际神秘动物学学会把霍加狓定为协会的标志。

霍加狓是长颈鹿的近亲，据说就是长颈鹿没有进化出长脖子时的模样。为什么有人认为霍加狓是麒麟呢？你看它的样子，既有点

霍加狓

儿像斑马，又有点儿像羚羊，而且雄鹿的头上还长着带鹿茸的角。这跟传说中麒麟只长不尖锐的肉角的描述一模一样。作为现实世界中名副其实的神秘动物，霍加狓的外貌特征完全符合传说中对麒麟的描述。

词性解析

龟

1. **名词，属本义，一种两栖动物，乌龟。**

《篆势》："文体有六篆，巧妙入神，或象龟文，或比龙鳞。"

2. **名词，代指龟甲。**

《论语》："虎兕出于柙，龟玉毁于椟中，是谁之过与？"

3. **名词，骂人的话。**

龟奴、龟孙。

4. **动词，通"皲（jūn）"，裂开许多缝子。**

龟裂。

5. **动词，高隆。**

《陈书》："新安王伯固，字牢之，世祖之第五子也。生而龟胸，目通精扬白，形状眇小，而俊辩善言论。"

6. **动词，寿命长的。**

《游仙诗》："借向蜉蝣辈，宁知龟鹤年。"

天地与神祇

从这一篇开始，我们要开启"天文地理"的新主题，去探索更多精彩的文字故事了。我们就从"天"和"地"这两个字来开启这个新主题吧。

对于几千年来一直坚守农耕文明的中国人来说，高天用雨露滋润庄稼，大地用土壤孕育粮食，天和地简直就是能够决定命运的神奇存在。在《西游记》里，镇元大仙不供奉任何神像，单单跪拜"天"和"地"两个字！

在中国人心里，天和地的地位就是如此崇高，而古人这种崇敬的态度也体现在"天"和"地"这两个字里。

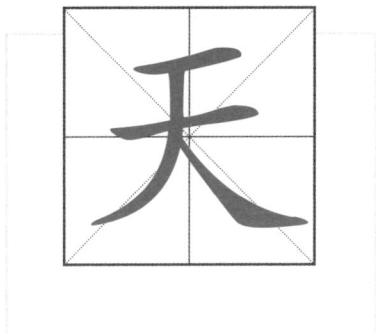

"天"的结构：朱元璋的"天命"

我们研究"天"这个字的第一步就是搞懂它的字形结构。

我来讲一个跟"天"字有关的民间故事，这样更有助于你理解它的字形。

朱元璋在当上明太祖之前是个要饭的叫花子。有一天，叫花子朱元璋饿得两眼发黑，就躺在树荫下睡觉。他把扁担当枕头，又把手脚都张开，四仰八叉的，睡相很不好看。这时候，精通神机妙算的刘伯温从他身边经过，一眼就看出地上躺着的不是一般人。此人的脑袋下垫着扁担，像是一横；四仰八叉的睡相好像一个"大"字。这"大"字上头添一横，不就是"天"字吗？刘伯温就凭朱元璋的睡相，看出他有天命加身，绝非凡人。

这个故事显然是虚构的，但它把"天"字的结构讲得很明白，"天"字的下半部分就是一个"人"。

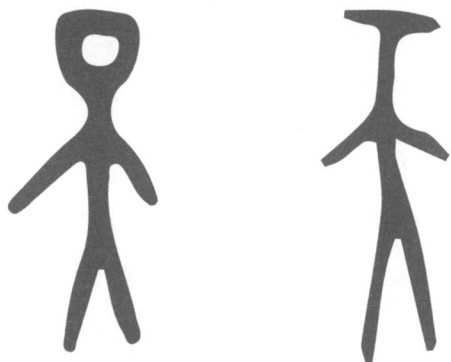

甲骨文"天"字

甲骨文是汉字的老祖宗，我们看看甲骨文的"天"字是怎么写的。你仔细看看上面这组插图：左边这幅图就是甲骨文的"天"字，你看它像不像一个长着方方的脑袋的人，正张开双臂叉开两脚站着？甲骨文是古人用刀在坚硬的龟甲、兽骨上刻的字，所以很难画出方框，后来有的古人为了省事，索性把表示脑袋的方框用一横代替，变成右边那幅图的样子，这就跟我们现在的"天"字非常像了。

"天"的原意是"脑袋"：断头大神刑天

为什么现在表示天空的汉字，要用一个人形来代表呢？原来在甲骨文里面，"天"字的写法跟天空一点儿关系都没有，它表达的意思就是人的脑袋。

我来讲一个特别能说明"天"的本义是脑袋的古代神话故事。

在《山海经》里，有一位上古的大神，名叫"刑天"。他的名字有个血腥古怪的来历。传说他曾和天帝争夺天庭的宝座，但是因为实力不济，被天帝砍了脑袋，压在一座大山下。掉了脑袋的刑天并不服输，用自己的乳头当眼睛，肚脐当嘴巴，继续挥舞着斧头和盾牌，准备再次跟天帝决一死战。"刑天"的"刑"字就表示刑罚、处决的意思，"刑天"这个名字翻译成现在的话就是"断头鬼"。所以，"刑天"这个名字里的"天"字，取的就是它在甲骨文里的本义。

假借字："天"的意思如何转变

如果我们不从"天"是人的脑袋这个意思上讲，那么甲骨文中的"天"字就是个象形字——特别突出的一个大头。那么，"天"字的意思是如何从脑袋转变成天空的呢？

甲骨文是人们用简单的笔画把身边的东西或事情画出来的符号。在古人创造甲骨文的过程中，有形的事物容易描画，但如果想表示天空，该怎样用图画来表示呢？你会怎么画天空呢？大部分人会认为天空就是画布上部的一片空白，然后在这片空白上画太阳、云彩……古人和我们想得差不多，也认为画面上部的空白可以被认作天空。那么他们该如何对着这片空白造字呢？古人自然有办法——古时候，这空无一物的"天"字的读音恰好跟表示脑袋的"天"的读音一样，于是人们干脆用同音字"天"来表示天空了。

古人把这种用同音替代的造字法称为"假借",意思是指先借某个字的字形表达另一个字的意思。但古人"借"字一借就是几千年。古人通过假借造字法,把"天"字的意思从脑袋变成天空了。也正因为这个缘故,在现代文字学中,"天"字被归在假借字的行列中。

历史透视:商周变革

古人把表示脑袋的"天"字借来表示天空,除了因为音同,还有什么原因吗?中国人心目中的"天",不仅仅是自然的天空,很多时候还表示一种敬畏、崇拜的感觉。比如,我们常听人说"老天爷啊!""我的天啊!"这样的话,那么,人对于天的这种敬畏和崇拜是从何而来的呢?

我要回答这个问题,就必须做一番历史透视。因为人对天的崇拜与中国古代最重要的一次改朝换代有关。

故事得从中国历史上最著名的昏君商纣王讲起了。考古学家通过研究甲骨文得知,商人崇拜的最高神叫作"帝"。骄傲自大的纣王在自己的名字前头就加上了"帝",自称"帝辛"——向天下宣告他就是神。

后来周武王率领小小的周人部落来讨伐倒行逆施的商纣王,虽然双方实力天差地别,但周武王的部队竟然胜利了。这场以少胜多的胜利好似蚂蚁扳倒了大树，出乎所有人的意料，周人自己也对这个局面大感意外。经过一番复盘，周人认为他们之所以能够获得胜利是"天命"使然！天命从商人那里转移到周人身上来了，他们将这种转变叫作"应天革命"。周武王就顺应天命，自称"天子"。

自从周人入主中原以后，周人信奉的"天"就取代了商人信奉的"帝"而成为最高的神，"帝"从此降格成了人间帝王的头衔。所以，现在"天空"的"天"字代表的神圣含义就是从周人信奉的"天神"变来的，"老天爷"这种拟人的称呼也是由此而来的。

"天"字的意义转换竟然与王朝的交替有关，真是大有深意啊。

地

形声字："地"的结构

"地"这个字按现在的写法是由左右两部分组成的：左边是个土字旁，右边是个"也"字。这有什么说法呢？

从"地"的字形结构看，它是形声字。什么是形声字呢？一个汉字由两个部分组成：一个部分叫"形符"，提示这个汉字一部分的意义；另一个部分叫"声符"，提示这个汉字的读音。

"地"字的两个部分分别是"土"和"也"。"土"是形符，"也"是声符。你可能会觉得奇怪："也"字的读音跟"地"字完全不相干，怎么能说"地"是形声字呢？汉字已经发展了几千年，汉字的读音也在历史长河中发生了天翻地覆的变化。现代普通话里声符和字音不一致的现象恰好证明了这一点。

"地"的形符是个"土"字。这个"土"字虽然笔画简单，但寓意十分深刻。请你仔细观察插图中甲骨文的"土"字。甲骨文中的"土"像一个平地长出来的大芋头，其实它是土块、土坷垃的象形。古人为"土"字做了这样的解释：这个字代表了大地生长万物，这状态就像是人从嘴里吐出来东西似的。这个说法虽然听起来有点儿不靠谱，却提示了"土"的发音。

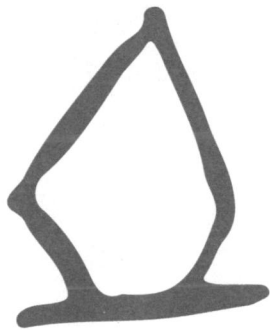

甲骨文"土"字

"地"字形符的含义：晋文公"吃土"

在春秋时，有个关于"土"的非常有名的故事。"春秋五霸"之一的晋文公重耳，年轻的时候为了躲避追杀，逃亡去投奔诸侯霸主齐桓公。重耳刚走到半路，就吃完了所有的粮食。正当他饥肠辘辘的时候，他看到前面不远处有几个农夫在耕地，就派手下去跟农夫要点儿吃的东西。

农夫们看到驾着马车的贵族居然跟小老百姓讨吃的，就没好气地捡起田里的土块扔过去说："我们没有粮食，你吃土去吧！"重耳一听这话，气得要杀人。

他的手下却捡起土块，恭恭敬敬地献给重耳说："土地是国家的根本，有人送土给您，这可是大大的吉兆啊。"

重耳听到这一番好言相劝，才咽下了一口恶气，郑重其事地把这块饱含耻辱的土坷垃收藏起来。重耳借着这吉言发奋努力，十几年后终于重返晋国，成就了一番霸业。

"地"字声符的含义：大禹的功劳

既然"土"有这么重要的象征意义，为什么大地不叫"土"，而被称作"地"呢？

这与一个上古神话有关。大禹治理了滔天的洪水，划分了九州的疆域。大禹在大地上建立了丰功伟绩，因此就被天帝封为土神。土神有一个特殊的名号叫"祇"，这个字在古代念"dì"，现在念"qí"。在古汉语里，"祇"这个字的读音跟"地"的读音很像，于是被踩在脚下的土地就被古人称为"地"了。

古人把天空之神称为"神"，把大地之神称为"祇"，后来人们把"神"和"祇"并称，用"神祇"一词来泛指所有的神明。

原来，从语言源头上讲，"天"和"地"就是两位神明。你读到这里，应该就能明白为什么天地在中国人的心中有如此崇高的地位了吧。

在下一篇中，我们一起来了解天上的太阳、月亮和星星。千百年来，它们好像一直在天空中默默地旁观人类历史的发展。实际上，人类对日月星辰的观测也一直没有停止过。那么，表示日月星辰的汉字背后都有什么神奇的故事呢？我们在下一篇中详细来讲。

词性解析

地

1. 助词，用在状语和中心词之间。

愉快地玩耍、舒服地躺着。

2. 助词，用于状语后或补语前。

《越女词》："相看月未堕，白地断肝肠。"

3. 名词，指大地，与"天"相对。

《管子》："地生养万物，地之则也。"

4. 名词，地面、陆地。

《静夜思》："床前明月光，疑是地上霜。"

5. 名词，土地、田地。

《捕蛇者说》："而乡邻之生日蹙，殚其地之出，竭其庐之入。"

6. 名词，领土、属地。

《战国策》："寡人谕矣：夫韩、魏灭亡，而安陵以五十里之地存者，徒以有先生也。"

7. 名词，地方、领域。

《黄鹤楼》："昔人已乘黄鹤去，此地空余黄鹤楼。"

8. 名词，心意、见识。

心地、见地。

9. 名词，距离、面积。

《红楼梦》："那轿夫抬进去，走了一射之地，将转弯时，便歇下退出去了。"

10. 名词，位置。

地址、所在地。

11. 名词，花纹图案或文字的衬托面。

素色地子。

12. 名词，中国的行政区域。

地级市。

13. 名词，言行举止的空间。

《庄子》："彼节者有间，而刀刃者无厚；以无厚入有间，恢恢乎其于游刃必有余地矣，是以十九年而刀刃若新发于硎（xíng）。"

23

汉字中的"三光"

古人把太阳、月亮、星星这些发光的天体并称为"三光"。在这一篇中，我们就来讲讲与"三光"有关的汉字故事。

"日""月""星"这三个字的写法虽然看似简单，但是它们的字形在变化发展的过程中也有着很多有趣的故事。

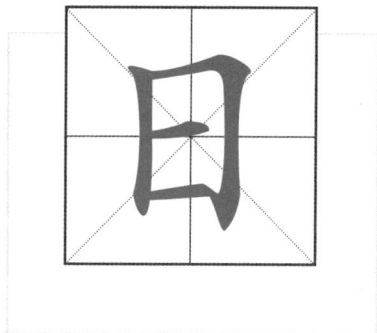

我们现在管日头叫"太阳"。其实"太阳"是古人受阴阳思想的影响，给日头起的别名。汉代的《说文解字》说"日"是太阳之精，那么反过来"月"就是太阴之精啦。

我想你以前可能听老师或长辈讲过，"日"和"月"这两个字都是象形字。我在这里要告诉你，这个说法并不是百分之百正确。为什么呢？你有没有想过，"日"字当中有一横，"月"字当中有两横，这些横都是从哪儿来的呢？我们来仔细看看插图中的甲骨文的"日"字怎么写的。

甲骨文"日"字　　　　金文"日"字

在甲骨文里，"日"的写法多种多样。第一种写法最简单——画一个圆圈，代表太阳是圆的。这个"日"字确实是标准的象形文字。那么后面两种写法是怎么回事呢？一个是圆圈里加一点，另一个干脆就变成了跟今天写法一样的方块字了。甲骨文被写成方块字并不难理解,因为古人是在坚硬的动物骨头上刻字,刻一个顺滑的圆形太难了,但把字刻成方形就容易得多。那么,第二个甲骨文中的一点和第三个甲骨文中的一横究竟是怎么来的呢?有人就发挥想象力了,说这是太阳黑子!

观测太阳黑子的最早记录

太阳黑子是太阳表面由于局部磁场较强形成的看似光亮较暗的部分。欧洲的天文学家直到1609年伽利略发明望远镜以后,才确认了太阳黑子这一天文现象。那么两千多年前的殷商古人可能把太阳黑子写进汉字里吗?你还真别怀疑,中国人发现太阳黑子的历史比欧洲人早了将近两千年。现在世界天文学界公认,中国是世界上最早观测到太阳黑子的国家。在公元前28年西汉成帝的时代,三月的某一天,太阳刚刚升起的时候,日影当中有一团黑气,大小如同一枚铜钱。这次观测被记录在东汉班固写的《汉书》里,成为中国人最早观测到太阳黑子的铁证。

还有人说,后羿射日的时候射死的太阳变成了三足乌鸦,这个神话其实是对太阳黑子的故事演绎,因为乌鸦也是黑的嘛。

我们说了这么多,却还不知道第二个甲骨文"日"字中这一点到底是不是太阳黑子呢。我们研究汉字要讲究科学依据,可不能被神话给带偏了。我要讲清楚第二个甲骨文"日"字中间这一点的来历，必须从太阳的伴侣——太阴月亮身上找证据。

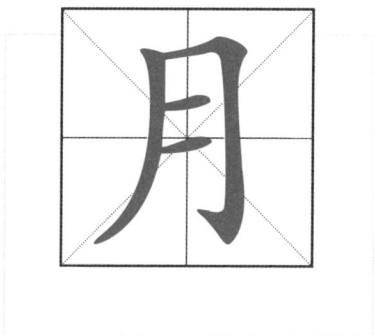

月

"月"字最早也有两种不同的写法，一种是弯月的象形，而另一种就是在一弯月的象形当中再加上一竖。下面的插图展示了甲骨文、金文、战国楚文字和秦国篆书里面"月"字的写法，你可以清楚地看到，后面两个"月"字中的两横是从最初的"月"字的一侧开口加上"月"字中的一竖变形而来的。从前有人说这两横代表了萦绕着弯月的云霞，这种说法完全不靠谱。

甲骨文　　金文　　战国楚文字　　篆书

"月"字从甲骨文到篆书的演变过程

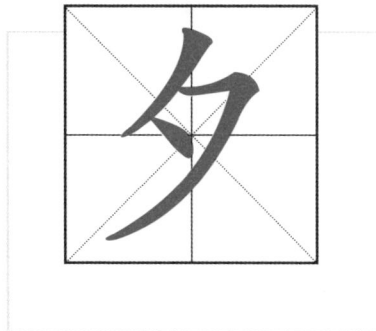

　　为什么金文的"月"字当中要加上一竖呢？难道弯弯的月亮象形得还不够明显吗？古人这么造字，是为了跟另一个常用字区别开来。哪个字呢？"朝夕相处"的"夕"字。"夕"是夜晚的意思，古人就直接用夜里出现的月亮来表示"夕"。

　　不光"夕"字，夜晚的"夜"字里头也有"夕"，现在"夜"字的右下角这个部分就是从"夕"字变化来的。你看下面插图中的"夕"字，跟最早的"月"字一模一样，右边的插图是古汉字的"夜"，像一个人张开双臂站着，这个人的左臂下面就是一个

"夕"字。

金文"夕"字　　　　金文"夜"字

　　用月亮代表夜晚，是一种借代的造字方式。可是"月"跟"夕"毕竟不是一回事，字形搞混了怎么办？古人为了避免出现这种麻烦，就想出多加一笔的办法。这就好比父母为了辨认双胞胎，故意给他们穿不一样的衣服。所以"月"字里的一竖，就是一个方便区别的符号，跟象形没一点儿关系。前面"日"字第二个金文的一点也是同样的道理。古人靠这一点把表示太阳的"日"字和一般的圆圈给区别开了。现在你明白了吧，"日""月"这两个字并不是百分之百的象形字，因为在它们的字形中，有为了不跟别的字搞混而多出来的区别符号呢。

现在的"星"字是一个形声字，它的读音是从下半部分的声旁"生"来的，而代表造字意义的形旁是上面的"日"字。为什么"星"字的形旁是"日"字呢？太阳和星星，一个出现在白天，一个出现在晚上，"星"字该用"月"字做形旁才合适嘛。古人可没有犯糊涂，其实"星"字的上半部分根本不是"日"字。我们现在看到的像扁扁的"日"的这个字，是在古汉字里就已经被简化的结果。那么"星"字的形旁最初到底是怎么写的呢？

甲骨文"晶"字　　　　　　　　小篆体"星"字

你从上面的插图中很容易就能看出来：原来"星"字是"晶"字变过来的。

晶

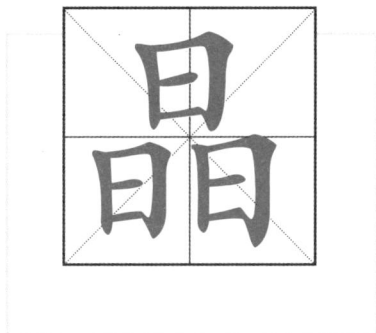

　　"晶"字原来就是象形满天闪烁的晶莹繁星。在前面的篇章中，我曾引用过《老子》的话："道生一，一生二，二生三，三生万物。""晶"这个字就是用三个像"日"一样发光的天体，代表了夜空中无穷无尽的星星。后来，古人为了把亮晶晶和星星这两个意思区别开，才多了一个"生"字给"星"字当声旁，最后上面的"晶"字又被简化，"星"字就变成了现在这个样子。

　　不过有的时候，这个"晶"字就真的是指三颗星。这三颗星的组合堪称人类文明史上最神秘的象征符号。在中国古代的二十八宿里，有一组叫"参"的星宿。这个"参"字，其实就是"三"字的大写形式"叁"字，只不过把"参"字下面的三撇捋平了。因为参宿主要就是由三颗星组成的，"叁"这个字就是从"三颗星"这个意思来的。

动如参商

关于参宿，有一个非常有名的典故。传说上古帝王高辛氏有两个不肖之子。这两个坏小子虽然是兄弟，但是天天打架，一刻也不消停。高辛氏没办法，只好强行把他们分开，让他们一个去东方，一个去西方，永远不要相见。去东方的这个儿子变成了二十八宿里的心宿大火星，也就是著名的天蝎座的大红星；去西方的儿子变成了参宿，也就是著名的猎户座的腰带三星。这两个星座都是人类观测夜空时最容易识别的。它们总是一个升起，一个落下，从来不会同时出现在夜空中，就像两个死对头一样。后来杜甫的诗句说"人生不相见，动如参与商"，后人就用"动如参商"这个成语来形容亲朋好友分别之后难以重聚。

东西方文明中的猎户座

在我国古代神话里，参星被高辛氏赶到西方。在西方的古代文明中，猎户座的腰带三星也具有十分重要的神话意义。有西方学者就指出尼罗河畔著名的吉萨三大金字塔，就是按照银河与猎户座腰带三星的位置布局排列的。古埃及人相信猎户座是死神和农业生产之神奥西里斯的象征，所以猎户座是人类死亡之后灵魂的归宿。金字塔内部法老的墓室里有一条通风井正对着猎户座升起的方向，这种设计是为法老的灵魂升天准备特殊通道。埃及人崇拜猎户座，还因为这个星座在特定的时间升上夜空，就代表着新一年的农业生产即将开始。大地复苏，就仿佛大神奥西里斯死而复生一样。

在古代中国，猎户座首次出现在黄昏的天空上正好是农历春节前后，是寒冬将尽、大地回春的季节。埃及和中国位于四大文明古国的东西两端，但是猎户座的三星，却在相隔万里的两个文明中具有同样重要的文化意义。读了这些之后，当你仰望星空，看到号称星座之王的参宿在天际闪烁时，你应该就会想起古汉字里"星"的写法就是三颗亮晶晶的明星。

词性解析

日

1. **名词，太阳。**

《列子》："日初出大如车盖，及日中，则如盘盂，此不为远者小而近者大乎？"

2. **名词，白天。**

《世说新语》："经三日三夜，乡里皆谓已死，更相庆。"

3. **名词，时节、特定的日子。**

《核舟记》："天启壬戌秋日，虞山王毅叔远甫刻。"

4. **名词，一昼夜。**

《诗经》："有怀于卫，靡日不思。"

5. **名词，时间、光阴。**

来日方长、旷日经年。

6. **名词，日本的简称。**

中日文化交流、中日合资企业。

7. **副词，每一天。**

《论语》："曾子曰：'吾日三省吾身：为人谋而不忠乎？与朋友交而不

信乎？传不习乎？' "

8. 副词，改天。

《列子》："日以俱来，吾与若俱观之。"

9. 副词，从前。

《左传》："日卫不睦，故取其地，今已睦矣，可以归之。"

24

"春""夏": 逐渐跑偏的字形

在这一篇的开头，我要先请你思考两个问题：春、夏、秋、冬这四个季节究竟是如何得名的？你知道现在表示春天的"春"字，是古人写的错别字吗？为什么表示夏天的汉字会和中国古代第一个朝代的名字一样，都是"夏"呢？我们通过了解关于季节的汉字故事，就能够找到这些问题的答案了。

春

逐渐跑偏的字形

说起春天命名的由来，我们首先要弄清楚"春"字的字形结构。我们都很熟悉的现代汉字"春"的写法其实是有一点儿问题的。我们只有对"春"正本清源，才能够说清楚古人造"春"字的原理。"春"是一个形声字，下面的"日"字大概代表了春天和煦的暖阳，可以算形旁。那么声旁在哪儿呢？"春"字的上半部分到底是个什么字呢？

请你仔细看看左边这幅插图中的古汉字的写法。这是一个小篆的"春"字，直到现在，还有人在写春联时用这种写法。从"春"字的小篆字体中，我们可以看到原来"春"字的上半部分是由两个部件组成的：最上面是一个"艹"，当中这个字是个"屯"字。不过，这个"屯"字的意思还是跟小草有关。"屯"的字形是一根小草正在努力地向

小篆体"春"字

上生长，顶出地面的样子。我曾讲过关于草、木的汉字故事，其中就提到"艹"的一半也是"草"字。而"屯"字上面的一横代表地面，下面的部分就表示一根草了。

了解了这些，我们就能看明白小篆的"春"字代表的全部意思了：春天，温暖的阳光照耀大地，小草奋力生长，纷纷从土里发芽冒头的样子。古人造的"春"字是多么形象啊！

我们再来了解一下"春"字的写法是怎么来的。文字学家研究了好多资料后发现，在战国晚期的文字里，有些人习惯把小篆"春"字里的

战国文字"春"字

"艹"挪下来，把声旁"屯"字搬到上面去，这是为了不让声旁夹在上下两个形旁当中，把声旁和形旁彻底分开。可是"艹"应该在一个字的头部啊，人们把它放到字的中间实在太别扭了，于是字形再次被改变——"艹"莫名其妙地变成了现在的一撇一捺了。"春"的字形就这样离原来的象形字越来越远，甚至算是古人写的错别字。

我们把"春"的字形正本清源了，就可以说说"春"字的本义了：为什么这个季节就得读"chūn"这个音呢？我刚才说了"春"字的声旁"屯"，代表了小草从土里发芽。春回大地，万物复苏，除了草木发芽，动物们也恢复了生机。

蠢蠢的发音

　　有一个字是用"春"来做声旁的——"蠢蠢欲动"的"蠢"。现在的"蠢"字最直接的意思就是愚蠢。但你有没有思考过"蠢"字下面的两条虫究竟是什么意思呢？其实，"蠢"字在古汉语中就是昆虫以及其他动物在经历了冬眠之后渐渐恢复生机、开始活动的意思。"蠢蠢欲动"这个词可不是说脑子不好使，大脑在抽筋，而"蠢"在这个词中恰恰表达了它在古汉语里的本义——虫子蠢蠢欲动的样子。

　　"春"字既然能做"蠢"的声旁，这两个字在声音和意义上必然有联系。春天是一个万物蠢蠢欲动的季节，所以古人才会把这一年中最美好的季节命名为"春"，以赞美生命的活力。

万物复苏的意义

"春"字代表的大地复苏催生万物的意思，对中国古代文化产生了很深的影响。古人感激春天里大自然的好生之德，在法令里明确规定：监狱不能在春天对犯下死罪的囚犯执行死刑。

在历史上，有这么一件真实发生的事情。汉武帝喜欢任用手段残忍的酷吏管理百姓。在一群酷吏当中，有一个叫王温舒的人特别受到汉武帝的重用。王温舒在当地方官的时候，刑罚严酷，无论接手什么类型的案子最终都能判成死刑。汉代规定，地方官执行死刑必须上报朝廷批准。王温舒就自己出钱，雇了五十匹快马接力直奔长安，这样只需要等两三天就能得到朝廷的批准。在王温舒的血腥管理之下，当地被处决的犯人涉及一千多家，血流遍地。有些犯人吓得逃到外地不敢回来，但最后还是被捕归案。他们被押解回来的时候，已经是春天了。朝廷规定春天不许处决犯人，生怕肃杀之气会对春天的农时产生不利影响。王温舒因此气得直跺脚，愤懑地说："要是冬天能再长一个月，我就能把杀人的事情办完了。"

趾高气扬的字形

"春"字表示万物恢复生机，那么"夏"字又代表什么意思呢？中国古代的第一个王朝就叫"夏朝"，还有个词叫"华夏"，这些词里的"夏"字跟夏天有什么关系吗？是的，它们之间还真有一些有趣的故事。

金文"夏"字　　　小篆体"夏"字

我们先来看看"夏"的古汉字。"夏"字和"春"字一样，从古到今发生了很大的变化，从现在的字形已经看不出从前古人造字的时候赋予它的原义了。

上面这两幅插图是金文和小篆中的"夏"字。我们经过仔细观察后发现,"夏"字里面有一个脑袋!我曾经讲过一个关于"头"的汉字故事,我在那个故事里曾提到"页"字在古代就是脑袋的意思。"夏"字的上半部分原来就是一个"页"字。插图中"夏"字的下半部分是一个跟脚和足有关的字形。小篆的"夏"字除了脑袋和脚,两边还有对称的两个偏旁,表示的是一双下垂的手。

古汉字的"夏"是由脑袋、手和脚这些部分组成的会意字。它究竟表示什么意思呢?它其实描绘了一个趾高气扬的人的样子。人在得意的时候都会抬头挺胸,眼睛朝天看,走路的时候还会甩开膀子抬高腿,显出一副很了不起的样子。

源自秦晋方言的发音

汉代有一本书叫作《方言》,它是专门记载全国各地不同方言的说法的书籍。其中就提到,在函谷关以西的秦晋地方,凡是有东西看起来很大很壮,让人觉得很了不起的,就会被人们用"夏"字来形容。《诗经》中的《秦风》里就有"夏屋"这个词,意思是大房子。

这个表示大的"夏"字跟"夏朝""华夏"这些词有什么关系呢?我们当然可以感觉到,一个字如果是用来形容王朝和民族了不起的,那肯定会受人喜欢,但是古人为什么不直接用"大",而要用

"夏"来形容大呢？

你还记得夏王朝的祖先是大禹吧。那你知道大禹是什么地方的人吗？《史记》里就提到："故禹兴于西羌。"原来大禹不是中原人，而是羌人。上古的羌人是和周人一起生活在关中地区的，周武王最得力的大臣姜尚姜子牙，就出身于羌人部落。西羌之地就是汉代方言所说的秦晋以西的地方，那里的方言会用"夏"字形容了不起的事情。所以，出身于西羌之地的大禹的后代建立的伟大王朝会被命名为"夏"，也就是顺理成章的事情了。

茁壮、盛大的意义

"夏"用来形容了不起的东西，跟夏天又有什么关系呢？春天万物蠢蠢欲动，这是生命的萌芽阶段；而夏天是万物茁壮成长的季节，所以夏天的"夏"也是在形容动植物逐渐茁壮、盛大的过程。这跟"夏朝""华夏"中的"夏"字在意义上完全是相通的。

在这一篇中，我们从汉字的形、音、义三个方面多管齐下，解释了春和夏这两个季节命名的来源。在下一篇中，我们一起来揭晓"秋"和"冬"里隐藏的重要信息。

汉字撷英

词性解析

▽

春

1. 名词，指春天，四季的第一季。

《春晓》："春眠不觉晓，处处闻啼鸟。"

2. 名词，情感，尤其指爱情。

《诗经》："有女怀春，吉士诱之。"

3. 名词，一年。

《人日寄杜二拾遗》："一卧东山三十春，岂知书剑老风尘。"

夏

1. 名词，古代汉民族的自称。

华夏、诸夏。

2. 名词，泛指中国。

《吕氏春秋》："东夏之命，古今之法，言异而典殊。"

3. 名词，朝代名。

《韩非子》："今有构木钻燧于夏后氏之世者，必为鲧、禹笑矣；有决渎于殷、周之世者，必为汤、武笑矣。"

4. 名词，一个波斯古国的国名。

大夏。

5. 名词，通"厦"，大屋子。

《楚辞》："曾不知夏之为丘兮，孰两东门之可芜？"

6. 名词，夏季，一年的第二季。

《诗经》："四月维夏，六月徂暑。"

7. 形容词，大的。

《方言》："自关而西，秦晋之间，凡物之壮大而爱伟者，谓之夏。"

8. 形容词，五彩缤纷的。

《周礼》："凡染，春暴练，夏纁（xūn）玄，秋染夏，冬献功。"

25

"秋""冬":
汉字中的冰火两重天

"秋"和"冬"这两个字虽然都代表的是一年里温度比较低的季节，但是你如果了解这两个字的造字过程，就会感慨它们真可谓"冰火两重天"。我们现在就来一起了解"秋"和"冬"这两个汉字背后的文化故事吧。

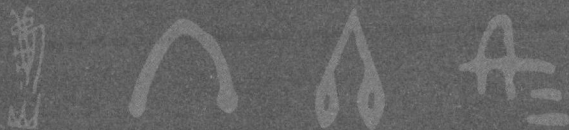

秋

现在的"秋"字，左半部分是"禾苗"的"禾"，右半部分是个"火"字。左半部分的"禾"字很明显表示的是秋天是庄稼成熟的季节。右半部分的"火"字代表什么意思呢？我们现在就从这个右半部分的"火"字切入，探究"秋"字的造字原理。我从前人的各种说法里面，总结了三条我觉得比较有意思的解释。

秋日里放火烧山

第一种解释：这个"火"字表示秋天在田野、山林里放火烧荒的意思。

我刚才说了，秋天是庄稼成熟的季节，粮食收割完以后，地里的秸秆没有用了，农民们就会放一把火把秸秆烧掉。这么做有两个好处：一来秸秆焚烧后的草木灰是天然的肥料，可以增强土地的肥力；二来可以把躲藏在地下的害虫、田鼠这些危害作物生长的讨厌鬼都烧死、熏死，这也是来年庄稼有个好收成的保障。

　　人们在秋天放火烧荒，不光是为第二年的粮食生产做准备，还为了贵族举办娱乐活动。贵族打猎，与寻常猎人狩猎大不相同，阵仗之大如同行军。清朝的时候，每到秋天，皇帝就会率领成千上万的皇亲贵胄在现在承德附近的木兰围场打猎。贵族打猎为什么这么浮夸呢？原来，贵族的手下需要把躲藏在山林里的动物都赶到老爷们的面前，好让他们尽兴狩猎；上古的时候，贵族们还会采取更加简单粗暴的方法，就是在林子里放火，靠烟火把动物给赶出来。这种放火烧山的狩猎活动，可是秋天才有的盛事。所以，"秋"字里就有了一个"火"字。这是第一种关于"秋"字的解释。

七月流火，九月授衣

　　第二种关于"火"字的解释跟天文有关。

　　有一句很有名的诗："七月流火，九月授衣。"这句诗出自《诗经》的《七月》。总是有人以为这句诗中的"七月"是指现在夏天的七月。"流火"的意思不是说夏天热得像火烧似的，其实，这句诗中的"七月"已经是天气转凉的秋天了。

　　中国古代历法中的十二个月跟春、夏、秋、冬四季是相匹配的：一月、二月和三月是春天，四月、五月和六月是夏天，七月、八月和九月是秋天，十月、十一月和十二月就是冬天了。我们把时间搞清楚了，就能更好地理解"流火"是什么意思。"流火"的"火"不是指火焰，而是指天上的大火星，就是我在前面的篇章中提到的，东方苍龙七宿里心宿中的一颗恒星。这颗星星是一颗火红的巨星，在夜空中特别明显。古人把这颗大火星在夜空中出现的位置当成确定农时的标准：大火星在黄昏的夜空中从南方天空中央的位置向西偏移，就意味着天气转凉，秋天到了，再过一阵子，农民就要准备过冬穿的厚衣服了。所以有人认为"秋"字里的"火"指的是"七月流火"中的大火星。

第三种关于"火"的解释与"秋"字的古汉字写法有关。

甲骨文"秋"字

你观察上面的插图时大概会感到奇怪：这个古汉字看起来像虫子，跟"秋"字一点儿也不像啊。但这的的确确就是甲骨文里"秋"字的写法。如果拿掉古汉字头上的"触角"，剩下的部分就跟甲骨文的"龜"字很像。在今天的汉字中，"秋"字还有一个繁体的写法"龝"，左半部分是一个"禾"，右半部分是一个繁体的"龜"字，这种写法就是从甲骨文一脉相承而来的。

　　那么虫子跟"秋"究竟有什么关系呢？到了秋天，在野外的草丛里，清脆的虫鸣就越来越响。在我小的时候，我常在秋天抓蛐蛐，或者在街上买关在小笼子里的蝈蝈。这些悦耳的虫鸣声是秋天独有的风情。不过，古人可能没有今人的这份闲情逸致，在他们眼里，蛐蛐、蝈蝈都是吃庄稼的害虫，所以第二个插图中的古汉字被画成了虫子下面有个火堆，意思是要烧死虫子。有人根据这个字形解释"秋"原本就是一个放火烧庄稼害虫的会意字，后来古人嫌"虫"那部分的笔画太多，就省略成了现在的样子。

　　不过，也有人认为甲骨文"秋"字里的这个虫子，既不是蛐蛐，也不是蝈蝈，而是天牛。我曾经在讲关于"脖"字的篇章中提到过，古汉语把天牛的幼牛称为"蝤蛴"。在古汉语里"蝤"的读音跟"秋"很接近，所以"秋"字原来应该是形声字，"禾"是形旁，而代表天牛的这一边就是声旁。

　　你看，关于"秋"字的来历说法可真是太多了，你也可以进行更加丰富的拓展阅读，找出你认为最靠谱的一种说法。

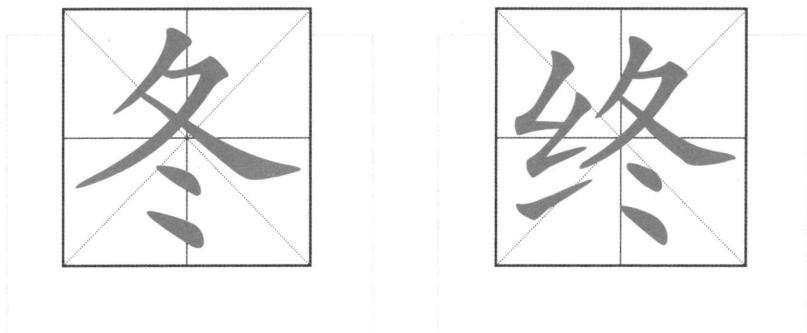

"冬"是一个形声字，不过现在的写法可不太好辨认它的形旁和声旁，我们还是从"冬"的古汉字的字形中探寻它的字形变化吧。

战国秦系文字"冬"　　　秦代隶书"冬"字　　　　甲骨文"终"字

我们乍一看插图中的这几个字，不容易看出它们中都有"冬"字。在最早的甲骨文中，"冬"字到底表示什么东西呢？这个甲骨文的写法是在两根连在一起的线条的顶端画了个圆球。古人是想用这个圆球代表"终端"的"终"字。

古人织布最重要的原料就是线。你知道古代的线是怎么做成的吗？一条细细的线是由好多条细丝或者纤维捻在一起组成的。古人要把这些细丝捻成一股线，得用一种叫"锭子"的工具。这种工具在下垂旋转的过程中可以轻松地捻出线来。

锭子是"终"字的象形

上面这张插图中，有一位妇女右手提着线，线的下方坠着一个锭子。你看锭子的样子是不是很像甲骨文里"终"字的字形？在古人眼中，锭子就是捻线时线的终端了。

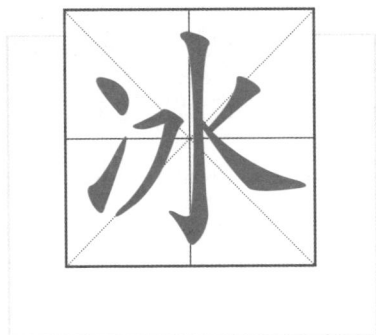

那么锭子跟冬天有什么关系呢？冬天是四季中最后一个季节，

也是一年的终结，这就是"冬"字的本义。甲骨文的"终"字后来就演变成现在"冬"字的上半部分，其实也就是现在"冬"字的声旁。

那么"冬"字下半部分的两点又表示什么呢？这两点就是现在汉字里"冫"这个偏旁。而"冫"就是"冰块"的"冰"最早的写法。冬天水面结冰是再常见不过的自然现象，不过古人把表示冰的"冫"放进"冬"这个字里头，其实看重的是冰本身宝贵的价值。

我在前面提到了《诗经·七月》这首诗。《七月》讲的是农夫一年四季的工作和生活。在古代的冬天，百姓忙完农活就会休息吗？不，他们在冬天还有一项重要的工作要做。《七月》里说："二之日凿冰冲冲，三之日纳于凌阴。"这句诗说的是什么工作呢？

隆冬时节，黑龙江漠河的工人们会到河里去采冰块，东北的冰灯都是用这些大冰块搭起来的。这种工作不止现代有，两千多年前的农民在冬天也会去干，只不过那时没有冰灯，他们采冰后是要把冰存到冰窖里，供下一年使用。

古人为什么要为第二年存冰呢？因为冰的用处可大了。

一来可以在天热时制冷。古书里记载，在唐玄宗的时代，一个非常炎热的夏日，宰相杨国忠在家里宴请客人。杨国忠就派人用好多大盆子装着雕好的冰山，把宴会厅围起来，客人坐在其中直感凉意阵阵。后来，竟然还有人穿着皮袄来赴宴呢。

二来呢，制作夏天冰品。你知道是谁发明了冰激凌吗？据说，马可·波罗在元朝的时候到中国来，在夏天时看到蒙古贵族吃一种冰品。这种冰品就是在磨碎的冰上浇上酸奶或奶酪。马可·波罗把这种奇特的食物带回了意大利，后来这种冰品就成了风靡全世界的冰激凌。不过，这只是传说，并不是史实。

在中国古代，从唐宋时代起，皇帝在夏天时会把皇宫冰窖里的冰赏赐给大臣们食用。这可是一种特别的恩宠。古代没有冰箱，花大量人力在冬天采冰保存到炎热的夏天，是王公贵族才有财力办到的。现在你去参观故宫，还有机会参观清朝皇帝在宫中设置的冰窖呢。

所以，你以后看到"冬"字里头的两个点，可别小看它，它是"冫"的变形。在古人的心目中，它还是身份和地位的象征呢！

汉字撷英

词性解析

▽

秋

1.名词，成熟的庄稼。

《颜桥道中》："村村篱落总新修，处处田畴尽有秋。"

2.名词，秋季，四季中的第三季。

《送惠师》："发迹入四明，梯空上秋旻（mín）。"

3.名词，年。

千秋万岁、如隔三秋。

4.形容词，衰老的。

《春日独酌》："但恐光景晚，宿昔成秋颜。"

5.形容词，白色的。

《古诗五十九首》："春容舍我去，秋发已衰改。"

冬

1.名词，冬天，四季中的第四季。

《后汉书》："冬者，五谷成熟，物备礼成。"

2. 名词，冬月，阴历十一月的俗称。

《与妻书》："初婚三四个月，适冬之望日前后，窗外疏梅筛月影，依稀掩映，吾与（汝）并肩携手，低低切切，何事不语？何情不诉？"

3. 名词，终点。

《马王堆汉墓帛书》："诰诰作事，毋从我冬始。"

26

一年、一岁、
一载、一祀

这一篇，我来讲讲关于年这个时间概念的诸
多汉字故事。除了"年"和"岁"这两个汉字可
以表示年这个时间概念，你可能还知道三年五载
的"载"也可以表示一年。其实在古代，"祭祀"
的"祀"字也可以表示一年的意思。

一年、一祀、一岁、一载

中国现存最古老的一本词典《尔雅》就尝试解释为什么关于年的说法如此多元。古人认为关于年的不同说法是从不同的上古朝代流传下来的。《尔雅》中记载周朝的说法是"一年"，而周以前的商朝的说法是"一祀"，夏朝的说法是"一岁"，如果追溯到唐虞的朝代，也就是传说中的尧舜时期，关于年的说法则是"一载"。

《尔雅》中的这种说法是否靠谱呢？其实，"年"之所以会有这么多种说法，跟古人的生活方式息息相关。现在，我们就以关于年的汉字为切入点，去探寻关于年的汉字文化吧。

我们先来讲讲平时用得最普遍的"年"字。"年"字的说法，起源比周朝还早——甲骨文里就已经出现这个"年"字了。不过一开始，"年"字并不是用来表示时间的，而是有丰收的意思。

甲骨文里的占卜结果

刻在龟甲和牛骨上的甲骨文，大多是商代的王和贵族占卜吉凶的文字。在所有占卜的内容里，粮食的收成如何是殷商贵族特别关心的问题。如果粮食收成不好，百姓就得闹饥荒，社会就会发生动乱，甚至引发战争。

那么甲骨文是如何占卜粮食收成的呢？当时有个专门的词表示一年粮食大丰收——"受年"。商王问老天爷："我们今年是受年还是不受年啊？"如果那年的粮食大丰收，古人会在甲骨上刻出占卜的结果——"大有年"。所以甲骨文中的"年"字显然跟粮食的收成有关系。

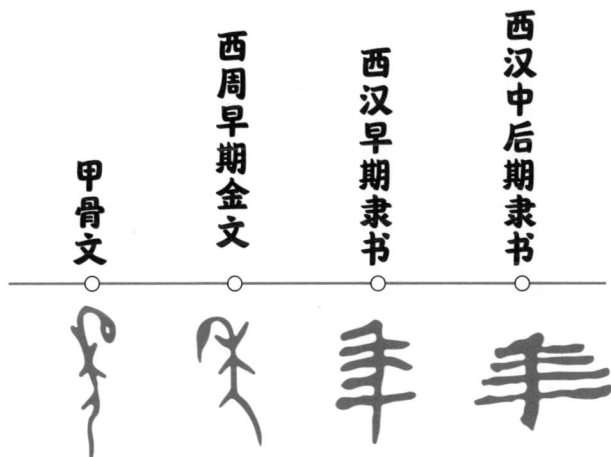

"年"字从甲骨文到隶书的演变过程

请你仔细观察插图中的四个字：第一个是甲骨文中的"年"字。甲骨文"年"字的上半部分是"禾"。在之前的篇章中，我曾提到"禾"就是庄稼的总称。你看，这"禾"字的头部好像沉甸甸的谷穗，把秸秆都压弯了。这种状态不正好能说明粮食大丰收吗？"禾"字的下半部分也是一个字，这个字就是甲骨文中的"人"字。为什么表示丰收的"年"字里会有个"人"字呢？这个"人"字是"年"的声旁。在古汉语里，"人"和"年"的读音很接近。

稔

现在还有一个字专门表示丰收，这个字就是"稔"，左半部分是一个"禾"字，右半部分是一个"念"字。"丰收"和"丰稔"是一个意思，这个"稔"字代表的意思就是甲骨文里"年"字的本义。

在古代，粮食一年成熟一次，年就成了一个自然的周期。久而久之，古人就把年这个循环周期当成了时间单位。秋天是粮食收获的季节，因此古人也会直接用"秋"来代表年，比如"一日不见，如隔三秋"；孔子编纂的鲁国史书名为《春秋》，"春秋"这个名字也是源于粮食春播秋收的时间规律。到了现代，人们一年到头过的最隆重的节日是春节，过春节也被称为"过年"。过年不仅仅是纪念大家都长大了一岁，也不仅仅为一家人制造团圆的机会，更重要的是为了庆祝丰收。

腊祭与腊月

在春秋时代，农历十二月有一个非常隆重的祭祀庆典叫作"腊祭"，古人把腊祭当过年。现在农历十二月又被称为"腊月"，这个别称就是从腊祭来的。有一回，孔子和他的学生子贡去参加腊祭。子贡说："鲁国的老百姓怎么都跟发了狂似的，我实在不懂他们为什么这么高兴。"孔子说："老百姓劳作了整整一年，也只有这么一天可以放松快活。他们每天经历的辛苦，不是你这种人能明白的。"原来，子贡是个大商人，从来不下地干活儿，当然无法体会农民们辛勤耕作了一年才获得丰收的那种欣喜若狂的心情。

在中国南方，很多少数民族会在每年收获新米之后举办盛大的庆典，把庆典当天当成新年来过。这跟汉字里"年"字的文化意义是一脉相承的。

"年"指的是庄稼的收成，那么"岁"字又代表什么东西呢？古人测定时间，除了根据农时的变化，还靠一项更了不起的

技术——观测天文。

尧定历法

传说，上古圣王帝尧做的最了不起的一件事就是制定历法。尧手下有专门负责观测天文的羲和四兄弟。尧把这四兄弟派到东、南、西、北，观测不同的星座在夜空中的方位，定下了春分、秋分、夏至、冬至的时令，从此确定了 366 日为一岁。你看，在这个古老的故事中，古人就把通过天文观测得到的时间周期称为"岁"。

由此可见，岁跟天文有关。在古汉语里，"岁"字的本义就是一颗星星——太阳系里最大的行星木星。在古代，木星的正式名称就是"岁星"。

木星的运行规律

那么，岁星跟年岁的意思又有什么关系呢？古人发现木星的运行规律特别有趣。古人相信天圆地方，天的一周像一个圆一样，可以被划分为 360 度。古人在晚上固定的时间观测天象，发现木星大概是每隔 12 个月向东偏移 30 度，而在天球上某一点运行一周回到原点的时间就是 12 年。古人认为，"12"这个数字意义特别重大，一年有四季，一季是三个月，一年有 12 个月；而 12 年呢，又恰好跟天干地支里地支的数目一样。我们中国古代文化中的十二生肖——鼠、牛、虎、兔、龙、蛇、马、羊、猴、鸡、狗、猪，这一轮就是 12 年。由于木星的运行规律符合"12"这个神奇的数字，古人就根据它发明了岁星纪年法，所以岁星纪年法中的"岁"就是从木星的运行规律中得名的。

　　"岁"这个字的写法也跟木星的运行规律有点儿关系。现在的"岁"字经过了简化，已经很难看出当初古人造字的原理了。我们还是从甲骨文开始把"岁"的字形演变串讲一遍。

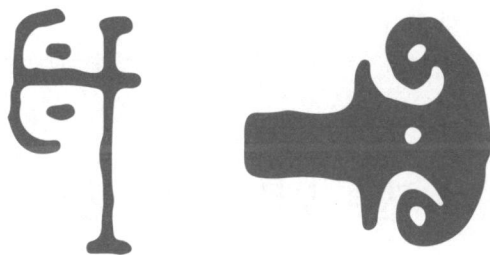

甲骨义"岁"字

亚丑钺，商代，山东博物馆藏

甲骨文中的"岁"字是象形字。你从插图中应该不难看出来，"岁"字很像一柄开山大斧。不过这个字不念"斧"，大斧头在古汉语里有个专门的名字叫作"钺"。

那么表示木星的"岁"字跟表示斧头的"钺"字有什么联系呢？有一种说法认为：上古时期，斧钺是帝王权力的象征。据说周武王伐纣的时候，他在战车上就手持一柄黄钺，也就是手持一把金色的斧头指挥军队，后来还用这把大斧头砍掉了纣王尸体的脑袋。那么木星呢，在夜空中是一个特别明亮的天体，跟其他星星相比如同鹤立鸡群，仿佛是群星的王者。

木星、岁星、越次之星

还有一种说法认为："钺"字不过是"岁"的声符，其实表示的就是跨越的意思。《说文解字》解释"岁"字时说："岁，木星是也。越历二十八宿，宣遍阴阳，十二月一次。"这句话的意思是说，木星

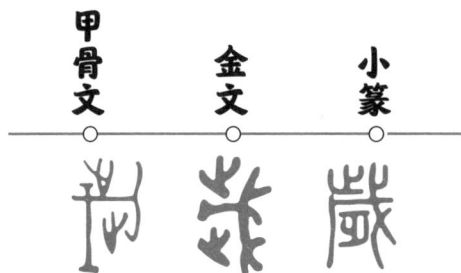

"岁"字从甲骨文到小篆体的演变过程

在二十八宿组成的天球环道上每隔 12 个月就会跨越到下一个位置。在古汉语里，"次"有驻扎、休息的意思。木星每隔 12 个月在天球环道上向东挪 30 度，古人把这种运动规律称为"越次"。所以，岁星就是越次之星的意思了。

正是从这第二个意思出发，甲骨文和金文的"岁"字又被加上了两个"大脚丫"。你看，这一前一后的两个"脚丫"好像向前跨越了一步。后来这个字形被固定下来，直到繁体字"歲"还带有这代表跨越的笔画呢。

古人利用木星跨越天体区域的规律来确定时间，所以一年才有了"一岁"的说法。那么，三年五载的"载"又是怎么回事呢？"载"代表年，很可能跟古汉语中的"祀"有关。因为在上古的时候，这两个字的读音非常接近，写法不同是字形分化的结果。那"祭祀"跟"年岁"有什么关系呢？

"祀"是一个形声字，右半部分是"巳"，左半部分是现在的"礻"。"礻"这个偏旁就跟祭祀的意思息息相关。

商王祭祖

古人常把一年叫作"一祀"，这种叫法现在已经用得很少，但在殷商和西周的金文里面很常见。这是因为殷商的贵族对于祭祀有非常特别的讲究。商人崇拜自己的祖先，商王会依次祭祀自己的历代祖先。商王每祭祀一位祖先都得花上好几天的时间，当商王把自己所有的祖先都祭祀一遍，一年差不多就结束了。到了来年，商王从头开始祭祀。这种周而复始的祭祀挺有规律的，所以古人就用"一祀"来表示一年了。

随着社会的发展，这种隆重的祭祀行为慢慢消失了，"祀"字代表一年的文化意义就淡出了历史记忆，"祀"这个字也被它的上古同音字"载"代替了。如今，人们只有在非常典雅古奥的文章里才会偶尔看到"一祀"这个词。

词性解析

年

1. 名词，庄稼收成。

《春秋·谷梁传》："五谷大熟为大有年。"

2. 名词，一年的收成。

年成。

3. 名词，时间单位，一年。

《战国策》："期年之后，虽欲言，无可进者。"

4. 名词，春节。

欢欢喜喜过大年、拜年。

5. 名词，年纪、岁数。

《师说》："彼与彼年相若也，道相似也，位卑则足羞，官盛则近谀。"

6. 名词，寿命。

《世说新语》："人固不可以无年。"

7. 名词，年龄段。

中老年、青少年。

8. 名词，年代。

年代久远。

9. 名词，特定的时间。

今年、千禧年、入学年份。

10. 名词，岁月。

年华、年深日久。

11. 名词，与春节有关的物品。

年货、年夜饭。

12. 名词，坏人，假借为"佞"。

《大戴礼记》："使王近于民，远于年，啬于时，惠于财，亲贤使能。"

13. 形容词，每年的。

年产量、年度计划。

27

"东""西":
与太阳运行有关的造字法

"东""西""南""北"这四个汉字表示四个方向。那么这代表四个方向的汉字是怎么来的呢？我先告诉你，"东西"跟"南北"，这一横一纵两组方向的命名可是各有讲究的。在这一篇中，我先来讲"东西"究竟代表了什么。另外，我还要请你思考一个问题：为什么人们都说"买东西"，却不说"买南北"呢？我们一起来探究答案吧。

古人很早就观察到太阳东升西落的现象，所以一直把日出的东方和日落的西方当作方向。比如英语里的"东"叫作"east"，"西"叫作"west"，"east"最早的含义是指太阳初升时的曙光，而"west"呢，在古代英语里是太阳落山后傍晚的意思。在汉语里面，"东""西"跟太阳有关系吗？当然有啦。

我们先来看"东"字。汉代的《说文解字》是这样解释"东"字的：东就是日在木中。这句话是什么意思呢？请你仔细观察插图中的繁体字"東"，确实是一个扁"日"夹在了"木"字当中。这个字是在象形一轮红日正在缓缓升起，被地平线上的树木挡了一下。

繁体字"东"

不过，"东"字的文化内涵可远不止于此。古人所谓的"日在木中"至少有两层深刻的含义呢。

第一层含义是跟上古的神话有关。《山海经》里说，在东方大海深处的旸谷，山顶上有一棵大树扶桑。这棵大树就是太阳的家。在后羿射日以前，一共有十个太阳，它们轮流上天照耀人间。轮到哪个太阳值日，它就先住到树顶等着出任务，其他的太阳就在下边的枝丫上休息。所以说"日在木中"的这棵木可不是普通的树木，而是古人心目中的神树——扶桑。

《山海经》的传说与日出之国

后来，这个神话传到了日本。在古代，中国称日本为"倭国"。后来到了中国隋朝的时候，日本的贵族认为"倭"这个名字不好听，而他们一直崇拜太阳神，就根据这个中国古代神话把自己的国家称为"日出之国"。"日本"的"本"字原义是树木的根。"日"和"本"这两个字连在一起就是太阳老家的意思。

东西南北中与金木水火土

古人所谓"日在木中"的第二层含义跟古代阴阳五行的观念有关。所谓"五行"，就是金、木、水、火、土这五种基本元素。在古人的头脑里，万事万物都能跟这五行扯上关系。比如说方向，东、西、南、北、中正巧能跟金、木、水、火、土相配：东方属木，南方属火，西方属金，北方属水，中央属土。汉代人是非常推崇阴阳五行的，太阳是从东方升起的，所以《说文解字》中"日在木中"

151

的说法多半是根据五行方位中东方属木的观念来的。

无论是《山海经》的传说还是方位与五行的匹配，听起来都很高大上，却无法在古汉字"东"的写法中得到印证。请你仔细观察下面的插图，你可以发现古汉字"东"的字形里既没有"日"也没有"木"。

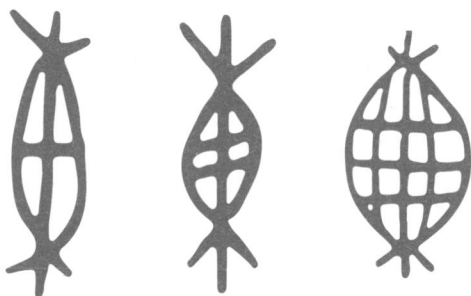

金文"东"字

这三个古汉字都是"东"字。你仔细观察，尤其是第三个，里面哪有什么"日在木中"，分明像一颗大菠萝嘛。

甲骨文的"东"到底代表什么意思呢？有学者发现了这个像菠萝一样的甲骨文还出现在另一个字里。请你继续看下面的插图：

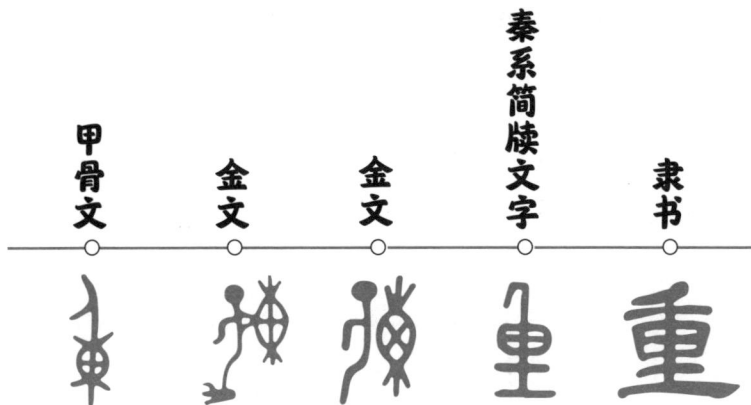

"重"字的演变过程

这是什么字呢？文字学家认为，这是"重"字。"重"字原本写成一个人背着一个大包袱，包袱看起来又大又沉，这就会意成"重"的意思了。后来人跟包袱在字形里重叠在一块，逐渐就变成现在的"重"字了。

我们由"重"这个字可以看出，"東"就是大包袱的象形字。那么这大包袱跟东方又有什么关系呢？其实《说文解字》关于"东"字，还有一个关键的解释："东"就是动的意思。"动"的繁体字写作"動"，左半部分是一个"重"字，右半部分是一个"力"字。但是"动"也好，"動"也好，跟方向有什么关系呢？其实说到底，"东"字只是借了"动"字和"重"字的发音而已。我要讲明白其中的道理，必须和表示西方的"西"字一起说。

"西"字又有什么特别的讲究呢？《说文解字》是这么解释"西"字的："日在西方而鸟栖。"这句话的意思是太阳快下山的时候，鸟都纷纷找树枝休息去了。我们来看古汉字"西"怎么写。

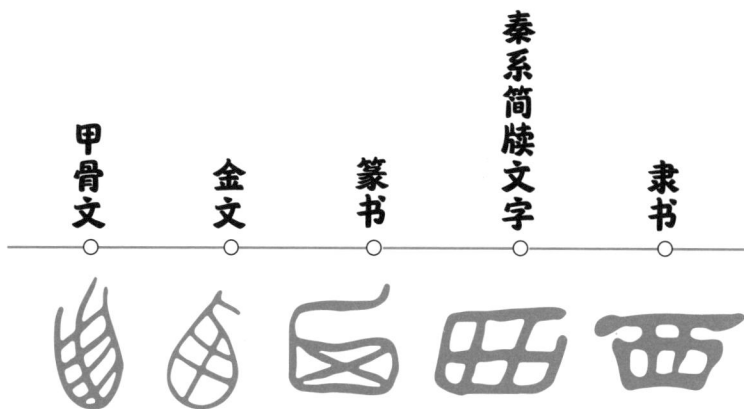

"西"字的演变过程

鸟巢是"西"字的象形

乍一看我们会觉得"西"字好像也是一颗大菠萝。但是，这个古汉字画的不是菠萝。文字学家根据《说文解字》的解释认为，它象形的是鸟儿栖息的巢。请你观察下面这幅关于鸟巢的插图，你看看这个鸟巢和古汉字"西"字像不像？鸟巢是鸟儿栖息的家，古人这么造字的确很有道理。不过栖息和西方又有什么关系呢？

我刚才已经讲过，鸟儿到了黄昏就纷纷回巢准备休息，这是鸟的生理习性。在中国的神话中，太阳也是一只鸟。我在前面的篇章中已经讲过这个传说：后羿射日，太阳掉到地上就现出了真身，原来是三只脚的乌鸦。每天早上，这只三足乌从东方大海里的扶桑起飞，到了晚上就飞到遥远的西方栖息。用鸟巢来代表西方，是因为传说中太阳的巢在西方。

冲

我们已经知道西方是三足乌栖息的地方，那么东方的来由又是什么呢？"东"这个字不仅跟"动作"的"动"声音相近，它也跟"一飞冲天"的"冲"字声音很像。"冲"繁体字就写作"衝"，"行"字当中夹一个"重"字。"動"字有一个意思就是笔直地向上。太阳一早从地平线上笔直地升起，在古人的神话思维里，就像是三足乌鸦一飞冲天。

所以"东"代表的是太阳神鸟起飞升天，而"西"代表的是神鸟归巢。"东"和"西"这两个汉字就是古人对太阳视觉运动轨迹的形象描绘。

东西

现在你明白"东"和"西"的造字意义了吧。我们再来讲讲为什么我们会把"东"和"西"这两个方向合在一起用来泛指各种物品。为什么人们都说"买东西"，不说"买南北"呢？

《兔园册》里的传说

从前有本古书《兔园册》，里面记载了这样一个故事。明朝的末代皇帝崇祯有一天突发奇想，就问大臣："为什么人们只说'买东西'，不说'买南北'呢？"状元周延儒拍着脑瓜回答说："根据阴阳五行，'南方属火，北方属水'，老百姓到邻居家里借个火、要个水，当然不需要花钱买啦。'东方属木，西方属金'，百姓买柴火、铁器，都得花钱。"后来还有人对周延儒的说法进行补充：出门买货得带篮子，南北配五行的水火，竹篮子可装不了，东西配金木，用篮子装没问题。这种说法，看似巧妙，却没有事实的根据。

长安城里的东市与西市

现代语言学家的看法是："买东西"这个说法很可能起源于唐代长安城里的东市和西市。在唐代，长安是一座国际贸易中心城市，从世界各地来长安的商人，都集中在长安城里的两个市场里做买卖。在如同棋盘一样整齐布局的长安城里，这两个市场位于一东一西对称的方向，一个叫"东市"，一个叫"西市"。在长安城里，百姓无论要买什么物件，只要去东市、西市逛一圈，绝对不会空手而归。到了宋元时期，人们还管商铺叫"东行""西行"，这都是从长安东西两市承袭下来的固定叫法。到了明朝，"买东西"就成为人们常用的俗语了。

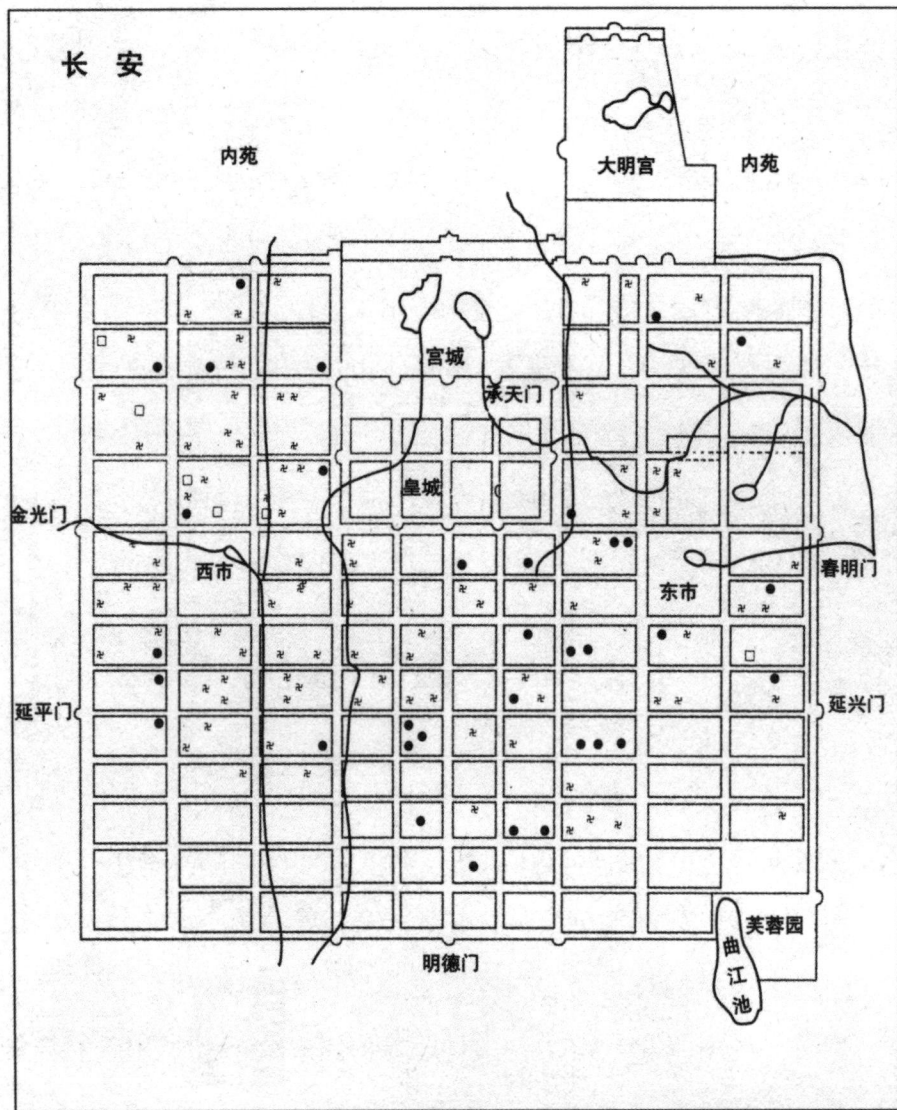

古代长安行政区示意图

汉字撷英

词性解析

东

1. **名词，东方，日出的方向。**

《清平乐·村居》："大儿锄豆溪东，中儿正织鸡笼。"

2. **名词，东道主的简称。**

房东、做东。

3. **名词作状语，向东。**

《念奴娇·赤壁怀古》："大江东去，浪淘尽，千古风流人物。"

西

1. **形容词，栖息的。**

《敦煌曲子词集·西江月》："棹歌惊起乱西禽，女伴各归南浦。"

2. **名词作状语，向西。**

《送元二使安西》："劝君更尽一杯酒，西出阳关无故人。"

3. **名词，西方。**

《战国策》："赵王因起兵南戍韩、梁之西边。"

4. 名词，古代西边的邻国。

《寄题云门寺梵月无侧房》："越山千万云门绝，西僧貌古还名月。"

5. 名词，我国对欧美国家的统称。

西方世界、西洋镜。

6. 名词，西天的简称。

西方净土。

28

"南""北"：人的正面与背面

在上一篇中，我们讲了"东""西"这两个字的造字过程跟太阳的运动轨迹有关，这就是古人造字时"仰观于天"的生动体现。在这一篇中，我们要说一说"南""北"这两个字的造字过程。其实，"南""北"这两个字也跟太阳有关系。

你可能觉得有点儿奇怪：太阳是从东方升起、西方落下，和南、北有什么关系呢？我们现在就来一起探究其中的秘密吧。

说到"北"这个字，我建议你从网上找到北京大学的校徽看一看。北京大学的校徽设计得非常有特色。它是大文学家鲁迅先生设计的，用"北"和"大"两个字的古汉字篆书作为设计元素。

北京大学校徽

鲁迅设计的北大校徽体现了"以人为本"和"三人成众"的思想，外观生动，寓意深刻。这个设计方案一出来马上就被当时的北大校长蔡元培先生采纳了。

你能从北大校徽里看出"三人成众"的寓意来吗？请你仔细观察：校徽最下面的"大"字是一个正面的站立人像；而上面的"北"字，是背对着的两个人的侧影。

甲骨文"北"字   金文"北"字

"北"的古汉字的结构原来就是背靠背的两个人。

"北"是一个会意字，最初的意思就是人的背部。后来，古人为了把北方和背部这两个意思区别开来，又在"北"字下面添加了一个专门表示肉体的月字旁作为形旁。如此一来，就是用形声的造字法造出一个"背"字来专门代表人的后背了。

而北方指的就是人的后背冲着的那个方向。

你可能会感到疑惑：人背对的方向就是北？这种说法听起来不太靠谱呀。难道古人不会转身、拐弯，只能僵硬地让自己的背冲着北方吗？要想弄清楚人的后背冲着北方这件事，我们就必须提到太阳。

坐北朝南的由来

中国处于地球的北半球，绝大部分领土都在北回归线以北的地区，所以阳光总是在南边。

对古人来说，冬天时从西伯利亚和蒙古高原吹来的冷空气，对生存形成了严峻的挑战。古人渴望即使在冬日也能享受到南向的暖阳。

所以古人在造房子的时候，总是尽量把门窗设在朝南的一边。他们虽然也在房屋的北面开窗，但会在冬天用泥巴把北窗糊起来，不给寒冷的北风留一丝一毫的空隙。

由于门是朝着太阳的方向开的，客人进门的时候都是冲着北面，那么主人在屋里迎候的时候就一定是面朝南方，背朝北方。

久而久之，这种主人朝南、客人朝北的行为习惯便衍生出地位尊卑的讲究：朝南为尊，朝北为卑。

"雍也可使南面"

在《论语》里，孔子曾称赞自己的学生冉雍："雍也可使南面。"冉雍出身低贱，父亲是个有名的无赖。但是冉雍却能出淤泥而不染，后来在孔子的学生中以德行见长，所以孔子对冉雍大加赞赏。

"雍也可使南面"中的"南面"是指面朝南坐。冉雍面朝南坐干什么呢？原来，春秋时期的官员都是朝南而坐，所以孔子夸赞冉雍这句话的意思是他可以去当官。

在古代，朝南坐的可不只是官员，皇帝更是要朝南坐。如果你仔细观察过北京紫禁城太和殿里的龙椅宝座，就会发现这把龙椅是在老北京城的南北中轴线上朝南而设。由此可见，皇帝是面南背北来治理天下万民的。

本来北方只是跟古人的建筑和座位的朝向有关，但是随着社会的发展，中国人南尊北卑的观念越来越深重，这也是有特别原因的。

一支军队打了败仗会被说成"败北"，这可不是因为古人打了败仗就往北逃。"败北"一词也跟人的背部有关。打仗是两军面对面地交锋，但是一旦分出胜负，失败的一方总是把背部露给在后面乘胜追击的追兵，这就是"败北"一词的来历。

　　"败北"的意思还体现在另一个跟"背"有关的字上——"胜负"的"负"。在古汉语里，"负"的意思就是背上背着东西。现代的词语"背负""担负"中的"负"字的意思与古汉语里背上背着东西的意思是相通的。

　　有一种小动物，因为有把自己的幼仔背在背上的习性而得名"负鼠"。

负鼠

但是"负"字并不只有背负的意思，它还有另一个意思——"胜负"的"负"。这个意思就跟"北"表示打败仗是一回事。

后来，"北"在汉字里产生的负面影响越来越深，甚至还影响到借用汉字的日本文化。

德川家康儿子的封地

在日本的江户时代，当时统一了日本的幕府将军德川家康给自己的一个儿子一块很大的领地。按说，德川家康的儿子应该因为这份恩赐而大喜过望，但他却无论如何高兴不起来。

他究竟在闹什么别扭呢？原来啊，这块领地上的城池有个很不吉利的名字——"北庄城"。武将们最讨厌"北"字了，因此认为"北庄城"这个名字的寓意是还没打仗就先在家里败北了，难以接受。

就为了这一个"北"字，德川幕府只好下令把这块封地改名成"福井"，转败为福。这下德川家康的儿子才高高兴兴收下了自己的封地。

　　我们已经了解"北"字的本义是人的背，那么"南"字又当作何解呢？"南"字的造字经过比起"北"字要曲折一些。现在文字学家大多认为，"南"这个字本来是个象形字。

　　可是，方向这种看不见、摸不着的东西，古人是怎么通过象形来表示的呢？其实，"南"这个字跟方向本身没有关系，它的古汉字写法是一种类似编钟的乐器。

甲骨文"南"字　　　　　　金文"南"字

　　请你仔细观察插图中甲骨文和金文中的"南"字，还有下页这张曾侯乙编钟的图片。这个古汉字是不是和编钟有点儿像？

曾侯乙编钟，西周，湖北省博物馆藏

"南"——特殊的音乐风格

中国最古老的诗歌总集是《诗经》，《诗经》里有十五国风，据说是从周代天子和诸侯统治的不同区域采集来的民歌。

一般诸侯国采集的诗都被称为"风"，比如"秦风""齐风""郑风"等等；但是从辅佐周天子最重要的两位大臣——周公和召公所在的两块封地收集的诗却有特别的名字，分别叫作"周南"和"召南"。

上古的诗都是可以配乐演奏歌唱的，"周南"和"召南"指的就是一种乐曲的风格。我们最熟悉的一首《诗经》作品——《关雎》中有这样著名的诗句："关关雎鸠，在河之洲。窈窕淑女，君子好逑。"这首《关雎》就是"周南"的第一首诗。

我们刚才讲了，古人为"南"和"北"这两个方向命名，是根据身体朝阳背阴的相对位置来定的，"北"指人的背，那"南"就应该指人的正面。

在古汉语里，有一个特别的字表示人的正面。在上古的时候，它的读音跟"南"字几乎一样，这个字就是"任"。"任"为什么会跟人的正面有关呢？你读完下面的三点解释就会彻底明白了。

第一点，你一定听说过一个成语叫"任重道远"，你可能以为这个"任"就是任务的意思吧？错了！在古汉语里，这个"任"字本来是指一个人双手抱着的重物。"任重道远"这个成语的意思是说一个人抱着很重的东西又要走很远的路。

"背"这个字既可以表示人的身体部位，也可以表示背东西这个动作；"任"字也一样，既可以表示抱东西，也可以表示身体的正面。

第二点，古人认为人体中有两根最重要的经脉，叫作"任督二脉"。武侠小说中经常提到大侠只要打通了任督二脉，就能练成绝世武功。

你知道"任督二脉"究竟在人体的什么部位吗？

所谓"督脉"，就是沿着人的脊柱从头顶到屁股底下二十八个穴位组成的一条经脉；而任脉呢，则是从小肚子底下经过腹、胸、面部直至眼眶以下的二十四个穴位组成的经脉。

任脉由何得名呢？任脉的"任"字指的就是人的正面。

第三点，"任"还有一个意思——怀孕。现在，表达怀孕这个意思的"任"已经写成女字旁的"妊"了，女人怀了宝宝这件事被称为"妊娠"。

在古代，怀孕为什么会被称为"任"呢？这还是从刚才说的第一点的意思来的。怀孕的妈妈大着肚子，就好像身体的正面挂着一个沉甸甸的东西。

在上古时期，"任"字和"南"字几乎同音。可能是因为"任"字表示的意思太多了，所以古人在表示方向的时候借用了一个同音字来表达不同的意思。

这种造字方式跟"北"字底下加了月字旁，来表示人的背部很相似，只不过"南"字跟"任"字原来的造字意义没有一点儿联系，仅仅是因为同音才借用来的。

这种同音借用的方法，在造字原理上被称为"假借"。所以现在表示南方的"南"字，跟原来乐器的象形已经没关系了，它变成一个被假借来代表人的身体正面、朝阳方向的假借字。

这就是有关"南"字曲折的造字过程。

讲到这里，关于东、西、南、北四个方向的汉字文化故事就全部讲完了："东"和"西"是太阳升起和落下的方向；"南"和"北"是人体的正面和背面。你可以去考考身边的长辈或者同学，看看他们知不知道这些简单的汉字里隐藏着的小秘密。

汉字撷英

词性解析

▽

任

1. 形容词，读 rén，狡猾的、谄媚的。

《后汉书》："昔虞舜辅尧，四罪咸服，谗言弗庸，孔任不行，故能作股肱，帝用有歌。"

2. 动词，读 rèn，担当、挑起。

《楚辞》："骤谏君而不听兮，任重石之何益？"

3. 动词，读 rèn，承受。

《答司马谏议书》："无由会晤，不任区区向往之至。"

4. 动词，读 rèn，担保。

《周礼》："其下罪，三日坐，三月役。使州里任之，则宥而舍之。"

5. 动词，读 rèn，任用、委派。

《周礼》："施贡分职，以任邦国。"

6. 动词，读 rèn，相信、信赖。

《史记·屈原贾生列传》："出则接遇宾客，应对诸侯。王甚任之。"

7. 动词，读 rèn，任凭。

《卜算子·咏梅》："无意苦争春，一任群芳妒。"

8. 动词，读 rèn，放纵，不受拘束。

《齐民要术》："任情返道，劳而无获。"

9. 动词，读 rèn，使用。

《周礼》："帅其民而搏盗贼，役国中之辱事，为百官积任器。"

10. 动词，读 rèn，怀孕、妊娠。

《大戴礼·保傅》："周后妃任成王於身，立而不跂，坐而不差，独处而不倨，虽怒而不詈，胎教之谓也"

11. 动词，读 rèn，立功。

《周礼》："六曰事典，以富邦国，以任百官，以生万民。"

12. 名词，读 rèn，行李。

《孟子》："昔者孔子没，三年之外，门人治任将归，入揖于子贡，相向而哭，皆失声，然后归。"

13. 名词，读 rèn，职责。

《韩非子》："且中期之所官、琴瑟也，弦不调，弄不明，中期之任也，此中期所以事昭王者也。"

14. 名词，读 rèn，人质。

《晋书》："王师退还，河北诸堡壁大震，皆请降，送任于勒。"

15. 名词，读 rèn，丝线。

《汉书》："夫以一缕之任系千钧之重，上悬无极之高，下垂不测之渊，虽甚愚之人，犹知哀其将绝也。"

16. 名词，读 rèn，能力。

《韩非子》："术者，因任而授官，循名而责实，操杀生之柄，课群臣之能者也，此人主之所执也。"

17. **动词，读 rèn，劳役。**

《汉书》："贵为天子，富有天下，赋敛重数，百姓任罢，赭衣半道，群盗满山，使天下之人戴目而视，倾耳而听。"

18. **连词，读 rèn，表让步关系，即使。**

《山中寡妇》："任是深山最深处，也应无计避征徭。"

19. **连词，读 rèn，表条件关系，无论怎样。**

《竹石》："千磨万击还坚劲，任尔东西南北风。"

20. **量词，读 rèn，担任官职的次数。**

《儒林外史》："他是举人出身，做过一任知县的……"

29

"雷""电":
象形天神的声与光

在这一篇中，我们来讲两个有点儿可怕的汉字："雷"和"电"。有些人听到打雷的声音会害怕，这并没什么好难为情的，因为即使是古代的英雄人物也会因为雷电而心惊胆战。

煮酒论英雄

三国时，刘备曾经在曹操的手下待过一阵。有一天，曹操单独宴请刘备，席间曹操随口评论说："天下英雄，只有你和我而已啊。"

刘备心有大志，本就不甘心久居人下，听了曹操这话，以为曹操已经看破了自己的小心思，心里直发虚。正在刘备万般纠结之时，天上炸响了一个雷，把他惊得一哆嗦，手里的筷子掉到地上。他赶紧借着响雷找话："圣人曾说遇到响雷狂风一定要严肃对待，真是有道理，一震之威，乃至于此。"这个故事可不是《三国演义》里的虚构情节，而是被记载在东晋的史书《华阳国志》中的史实。

所以你看，一代枭雄刘备都以自己怕打雷为借口掩饰自己的心虚，那么普通人怕打雷就更加不足为奇了。

古人为什么完全不避讳自己怕打雷的"软肋"，比如刘备竟然还引用圣人孔子的话来给自己的惊慌当依据？这是因为在古人最早的信仰中，雷和闪电都具有非常神圣的地位。从汉字里，我们就能看出在古人心目中，雷和闪电是多么神奇的存在。

我们现在都知道雷电就是云层中的放电现象，云层中的正负电荷分布不平均，最后形成了闪电；闪电瞬间释放巨大的能量，使周边的空气加热膨胀，就会发出爆炸一样的隆隆声。所以雷和闪电本来是一回事，但是在日常生活里，由于光和声音的传播速度不同，我们通常会先看见闪电，后听见雷声。

古人没有我们现在的科学常识，就误以为雷和闪电是两样不同的东西。因为闪电比雷声传播得更快，我就先来说说"电"这个字吧。

繁体字"電"有一个雨字头，跟"雷"一样。但是在最早的古汉字里，"电"是没有雨字头的，这样说起来，其实简化字的"电"比繁体字"電"更先造出来呢。

古汉字"申"（与"电"字同源）

现在的"电"字，写成一个竖弯钩穿过一个扁扁的"日"字，这个竖弯钩是在象形天空中闪电扭曲的光影。在古汉字里，"电"字的写法更像是一道闪电的样子。

春秋战国时期的"电"字

天空中的雷电很像古汉字"电"的字形

现在"电"字里的竖弯钩，原来就是古汉字中反"S"形的这一笔。在古汉字里，这反"S"形的一笔的上下又支出两个钩来，这个图形跟分叉的闪电真的很像。春秋战国的古汉字里，原本上下支出的两个钩渐渐独立出来，变成了左右对称的两个框，最后合在一块，就成了现代文字"电"中扁扁的"日"字的形状了。

闪电这种弯曲带钩的形状不仅反映在文字里，也反映在古代的图案纹样里。

请你仔细观察下页的插图，古代青铜器上的云雷纹是古人装饰在神兽图案周围象征天空的样子，这种纹样就像是一串"电"的古汉字前后相连。

讲到这里，你可能认为"电"这个汉字就是直接描摹了一个自

有云雷纹的青铜簋，商代，山西博物院藏

然现象，并没有什么神奇之处。那么下面，我要带着你做一个横向比较。你有没有发现，神奇的"神"字，声旁是"申"，"申"字跟"电"字就差了一个弯钩？其实，在古汉字里，"电"和"申"原本就是一个字，只是后来人们为了区别这两个字，才把"申"这一竖给拤直了。

天神的"神"会用"申请"的"申"来做声旁，跟闪电有着密不可分的关系。在古希腊神话中，众神之王宙斯有一样最厉害的武器，使他能够打败一切敌人。这件武器就是闪电。而在中国，闪电这种威力无穷的自然现象也早就被我们的祖先神化了。传说，在黄帝诞生的前夜，他的母亲看见了奇异的天象：在璀璨的星空中，突然有一道闪电环绕着北斗星。这个神奇的天象预示着还在母亲腹中

181

的黄帝将会有不同寻常的能力和命运。

武乙射天

另外，在中国神话里，天神也会使用雷电作为武器。《史记·殷本纪》记载了殷商有一位荒唐的君主武乙。他觉得自己比天神还了不起。为了证明这一点，他命人用木头刻了一个人像，用这个人像代替天神和自己下棋。木头自然是下不了棋的，武乙就命人替神下棋，还必须输给自己。这样武乙就能自吹自擂：看，我比神聪明多了。在智力上压过天神一头，仍不能让武乙满足，他还想用暴力征服天神。他叫人用皮袋子盛满血，挂得高高的，自己用箭射皮袋子，血从高处滴下来，武乙就说这是射中了天神，是天神在流血。后来，这个荒唐到有点儿痴傻的武乙到西方黄河、渭河之间的原野上狩猎，一开始还晴朗的天空突然乌云密布，一阵闪电暴雷落下，把战车上的武乙给劈死了。古人相信，是武乙的狂妄招致了天神的报复。

古人认为，闪电是神的武器，而"神"字就是由闪电造出来的。古人不讳言怕雷电，也是在表达自己对天地神明的敬畏之心。孔子教导学生一定要严肃对待打雷和闪电，也正是出于这个原因。

雷和闪电本来应该是一回事，"雷"字的写法为什么会变成雨字头下面一个"田"字呢？难道说"雷"就是把"电"给掐头去尾了不成？

"雷"字中的这个"田"可不是"电"的变形，在"雷"的古汉字里，原来就有这么一个"田"字的写法。

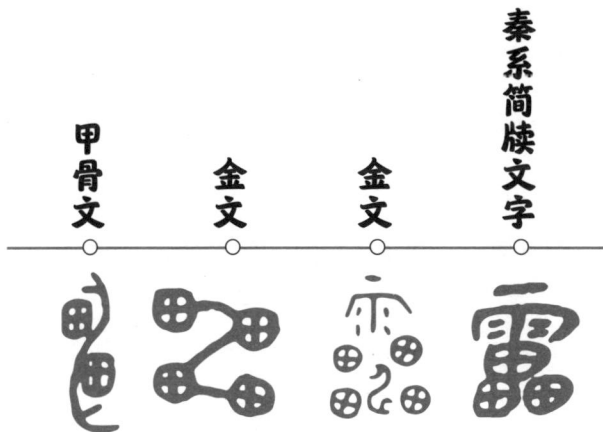

"雷"字的演变过程

我从甲骨文到秦代的古汉字里挑了几个最有代表性的"雷"字的写法放在插图里。

甲骨文的"雷"字，其实就是在"电"字上添加了两个"田"字；在后来的金文里，"田"的数量变成四个了；再后来"雷"字的写法又逐渐简化，最后现代汉字"雷"的写法就只保留了一个"田"字。

那这个"田"字跟雷电有什么关系呢？这个"田"字，可不是"种田"的"田"。我之前讲过，闪电是天神的武器，"雷"字里的这个"田"也跟武器装备有关系。是什么武器装备呢？这里还有不同的讲法，一种讲法认为这个"田"字其实是车轮的象形。

你来看看甲骨文的"车"字——两个车轮几乎被画成了"田"字的形状。

为什么古人造"雷"字时，要在闪电上加上车轮呢？

甲骨文"车"字

原来，古代的车轮没有轮胎，实木做的大车轮在地面上疾驰而过的时候，就会发出隆隆的噪声，古人把雷声想象成了天神战车在天上奔驰时发出的声音，所以就用闪电加车轮来代表雷声了。

中外神话中的战鼓

第二种说法认为：这个"田"字不是车轮的象形，而是代表战鼓。战鼓敲起来咚咚响，也跟雷声差不多。这个说法也源于神话。

古书《神异经》中有这样的记载，相传《神异经》是汉武帝时代的东方朔写的。东方朔被后代的道教奉为神仙。《神异经》，顾名思义就是记载了很多神异的事情的书。这本书里就解释了"雷"的来历：据说在八荒之外遥远的天边，有一面大石鼓，这面石鼓大得离谱，鼓面有千里之大。一有人敲打这鼓，便会有雷声传出来。天神就用这面石鼓来宣示自己的喜怒之威。

日本神话里也有雷是天神的鼓声的说法。日本有一幅非常有名的古画《风神雷神图》。如果你有机会去日本旅行，你会经常看到这幅画出现在旅游海报上。这幅画中的风神和雷神已经是日本文化的一组标签了。日本人画的雷神手里攥着鼓槌，身边就是一圈小鼓，天上的雷声就是雷神擂鼓时发出的响声。

无论战车还是战鼓，都是古人打仗时候的重要装备，都很符合天神临阵杀伐、威风凛凛的形象。战争总会带来伤亡，这也就难怪隆隆的雷声会在古人的心中留下难以消退的阴影了。

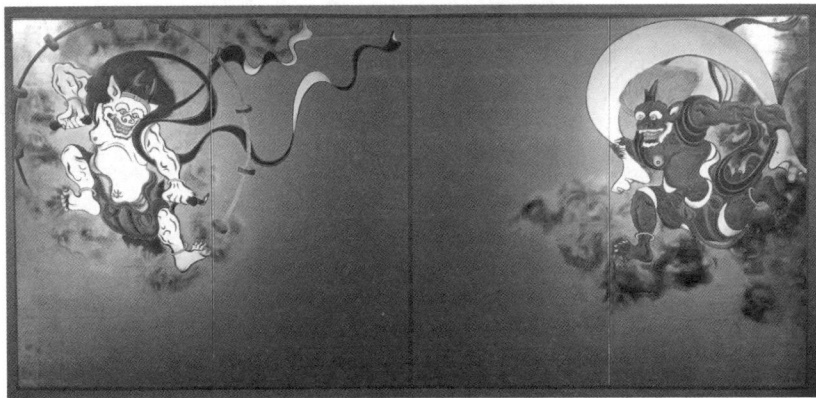

《风神雷神图》，17 世纪，日本东京国立博物馆藏

　　关于"雷"和"电"的汉字故事我就讲到这里，这一本书也就要结束了。如果你还想了解关于衣、食、住、行方方面面的汉字故事，对比我们今天的生活和古人的生活有哪些不同，欢迎你继续阅读这个系列的其他作品。

汉字撷英

词性解析

雷

1. **名词，云层放电时发出的巨响。**

《橄风伯》："峭壁呀呀虎孱口，恶滩汹汹雷出吼。"

2. **名词，巨大声响。**

《阿房宫赋》："雷霆乍惊。"

3. **名词，军用爆炸武器。**

地雷、鱼雷。

4. **名词，通"罍（lěi）"，古代酒器。**

《隶释·汉鲁相韩敕造孔庙礼器碑》："君于是造立礼器……雷、洗、觞、觚。"

5. **动词，打雷。**

《吕氏春秋》："故雷则掩耳。"

6. **动词，通"擂"，擂动，敲击。**

《资治通鉴》："雷鼓大进。"

电

1. 名词，本义闪电。

《谷梁传·隐公九年》："三月癸酉，大雨，震，电。震，雷也，电，霆也。"

2. 名词，电能。

正电、负电、电压。

3. 名词，电报的简称。

贺电、唁电。

4. 动词，电击。

被电了一下。

古人与六畜

作者在本书的前面几篇详细地为小读者讲解了表示六畜的汉字——"羊""牛""马""猪""狗"和"鸡"的字形演变和背后的文化故事。

我们的祖先早在远古时期，先后选择了马、牛、羊、鸡、狗和猪进行饲养、驯化。古代的统治阶级为了确保百姓能够顺利地饲养六畜，甚至制定了一系列相关的法律和制度。此外，百姓还不断地改进饲养六畜的技术，比如定期修缮马厩、牛栏等畜舍，调整饲料配方，以促进六畜的生长。古人对《三字经》中"此六畜，人所饲"这句话有十分清晰的解读："牛能耕田，马能负重致远，羊能供备祭器……鸡能司晨报晓，犬能守夜防患，猪能宴飨速宾"，以及"鸡羊猪，畜之孳生以备食者也"。由此可见，羊、牛、马、猪、狗、鸡能被古人选为六畜，是因为它们确实都与古代人的生活息息相关。现在，我们就来看看六畜在古人的生活中有多么重要。

首先，也是最显而易见的，六畜可以为古人提供日常所需的肉、蛋、奶，对古人的饮食意义重大。同时，六畜的粪便还可以作为肥料促进农作物生长，提高农作物的产量。

其次，六畜中的六种动物在古人的生活、生产中各自发挥实用功能，提高了古人的生活质量和生产效率。比如，马既是交通工具，也是重要的战略物资；牛是耕地的好手；鸡每天早晨叫人起床；狗最擅长看家护院；猪可以提供大量上好的肥料。

最后，六畜还对古代人的文化信仰产生了重要的影响。古人认为六畜中的动物普遍具有神秘的力量，比如，马是"龙媒"，可以带来好运；牛是"土畜"，可以培育万物；鸡是"五德之禽"，可以驱邪避灾；狗是"司户之神"，可以守护家园……人们把对六畜的崇敬体现在绘画、诗歌、雕刻等艺术作品中，比如著名的艺术品《五牛图》《昭陵六骏》《猎犬图》。这些承载着古人对六畜的特殊情感的艺术品一直流传至今，被保存在博物馆里供后人参观欣赏。

古人与农业

作者在前面的篇章中，为小读者详细地讲解了表示五谷的汉字的字形演变和背后的文化故事。有一句成语说得好："民以食为天。"在科学生产力相对落后的古代，农业的发展对古人的生活格外重要。我们现在就来梳理古代农业的发展脉络。

在七八千年前，也就是原始社会时期，我国的农业处于石器锄耕的时代，古人采用刀耕火种的原始方式进行农业生产。这个时候，土地归氏族公社所有，古人集体耕种，平均消费。

进入商周时期，古人发明了青铜农具，学会了灌溉、除草等耕田技术，农业进入缓慢的发展期。这个时候是奴隶制社会，统治阶级采用井田制来管理土地，即将田间沟渠相隔似"井"字，分配给百姓耕种。当时，一切土地属于皇帝，皇帝将全国的土地分封给不同的诸侯，受田的诸侯不得转让买卖土地，只对分到的土地有使用权，必须缴纳贡赋。统治阶级强迫奴隶与庶民集体耕种土地。后来因为战争频繁、社会动荡，耕田的底层劳动者越来越少，井田制瓦解了。

进入春秋战国时期，各诸侯国进行税制改革，尤其是秦国的商鞅变法改革最彻底，效果也最好，客观上促进了土地私有制的形成，大大促进了古代农业的发展。在这个时期，铁器和牛耕方式出现了，并得到了大力推广，非常显著地提升了农业生产力。

魏晋南北朝时期，世界现存最早的农书《齐民要术》问世了。当时，我国农民采用轮作和绿肥种植技术，这些的出现都比欧洲早一千多年。当时，江南和成都平原的农业都得到了大力发展；江南经济的发展为唐宋时期经济重心的逐步南移打下了基础，经济水平显著提高。

隋唐时期，江东地区出现曲辕犁，标志着中国牛耕技术已相当完善，一直为后世沿用。宋元时期，精耕细作技术进入全面成熟期，南方稻麦两熟制出现；农作物品种交流非常广泛，从越南引进的占城稻传播到江淮地区，江浙地区成为全国的经济中心，有"苏湖熟，天下足"的说法。

明清时期，多熟种植技术被广泛应用；大量农作物新品种问世，同时引进了玉米、甘薯等高产作物；经济作物种植面积扩大，还形成一些专业生产区域；著名农学著作《农政全书》和《天工开物》问世，对后世影响深远。

古人与天文学

在本书前面的篇章中，作者讲了很多与中国古代天文学相关的小典故。古代天文学的发展对古人生活的方方面面都起到了积极的作用。我们现在就一起来梳理一下吧。

一、历史方面

在古代中国，人们通过观测记录了非常丰富的星象，开启了对宇宙万物的认识。比如，古人利用星象来占卜福祸吉凶，并将占卜的结果作为帝王做出重要决定的依据。这些占卜的结果大部分被刻在龟甲、牛骨、青铜器上，为后世研究古代汉字、历史发展变迁提供了大量重要的依据。

二、农业方面

古人长年累月地观察星象与世间万物的微妙关系，总结出了时间、气候等变化发展的规律，并由此制定了历法，为中国古代农业发展提供了指导依据。这是中国古代天文学研究对中国古代农业生产发展起到的最重要的作用。中国古代农民因此学会了通过观察天象预测气候变化，准确地把握农时，有效地促进农作物的生长发育，提高农作物的产量和质量。例如，古人通过观察春分和秋分的时间来确定播种和收获的时机，通过观察月亮的形状和位置来预测天气变化，以便采取相应的农业耕种措施。

三、科学方面

中国古代天文学家对星象、行星运动、日食、月食等天文现象进行了系统的观测和研究，积累了大量的天文观测数据，形成了完善的天文学知识体系，并由此提出了很多重要的发明和理论。例如，中国古代天文学家发明了赤道仪、日晷等天文仪器，提出了"地心说""五行说"等天文学理论，这些成果对后世的天文学研究产生了重要的影响。

中国古代的天文学成就还被广泛地应用于历法、数学等领域，丰富了中国古代文化的内涵。比如东汉时期，天文学家刘洪将他在天文学的研究成果巧妙地运用在制定历法的工作中，取得了显著的成就；在南北朝时期，天文学家祖冲之基于观测数据和数学方法的推导，提出了"圆周率"的概念，并计算出了圆周率的近似值。

古人与祥瑞

作者在讲汉字故事的时候，总是会提到一些古代神话中的祥瑞。在古代社会，祥瑞虽然不是客观存在的，却影响着古人生活的方方面面。我们现在就来梳理一下对古人来说非常重要的几种祥瑞吧。

在中国古代神话中，龙是高贵的神兽，掌控风云变幻。它勇猛无比，行走在天地之间，象征着至高无上的权力。古人用龙的形象装饰统治者的服饰、宫寝，以增添统治者的威严之气。

凤凰被誉为"百鸟之王"，《山海经》里有记载："有鸟焉，其状如鸡，五采而文，名曰凤凰，首文曰德，翼文曰义，背文曰礼，膺文曰仁，腹文曰信。是鸟也，饮食自然，自歌自舞，见则天下安宁。"我们从这段描述中可以看出，凤凰不仅负载着"德、义、礼、仁、信"五种对古人生活产生积极影响的道德准则，还能为天下带来安宁的福音。

麒麟也是中国古代神话中著名的瑞兽，雄性为麒，雌性为麟，或合而简称为麟，代表着吉祥、和谐和美好，因其"不履生虫，不折生草"也被称为"仁兽"。麒麟的形象常被古人用来装点生活，用在石雕、泥塑、年画和刺绣等领域。

重明鸟是中国古代神话中的一种神鸟，传说它的外形像鸡，叫声和凤凰差不多，每只眼睛里有两个眼珠，并由此得名。据说，重明鸟力气很大，能够击退猛兽，所以古人都认为它能够辟邪驱鬼，消灭妖怪，带来吉祥和安宁。

在中国古代传说中，白虎是战神的代表，同样也是杀伐之神，具有避邪禳灾、惩恶扬善等多种神力。《山海经·西次四经》记载："又西二百二十里，曰鸟鼠同穴之山，其上多白虎、白玉。渭水出焉，而东流注于河。"白虎的形象非常威猛，因此古人在军事中，经常使用白虎的形象装饰军营大帐、战袍盔甲，以鼓舞士气。另外，白虎还代表着西方七宿，是西方神明的主导，也是代表秋季的祥瑞之一。

在中国古代，出自神话传说并与人们生活息息相关的祥瑞还有很多，如果你有兴趣可以去《山海经》《搜神记》等古典名著中找一找。

古人与城市

在这本书中，作者向我们介绍"东""西""南""北"这四个代表方向的汉字时，也向我们介绍了一点儿中国古代城市规划的思路。由于古人非常看重南尊北卑，所以在住宅和城市规划上主要采用了中轴线对称的布局手法。这种南北向中轴对称的空间布局思路由住宅组合扩大到大型的公共建筑，再扩大到整座城市。

比如，唐代长安城就是以中轴线对称为基础来布局的。唐代长安城功能区隔明确，设有东、西两市，充分体现了以宫城为中心，"官民不相参"的布局思路。随着商品经济的发展，北宋的开封城出现了开放的街巷制。这种街巷制是对中轴线对称布局的有益补充，成为中国古代后期城市规划布局与前期城市规划布局的重要区别，对后世影响极大。元代大都则是在几何中心建中心阁，放大中轴线对称的布局效果，同时结合了当时的经济、政治和文化发展的要求，使这座都城既威严又实用。

除了南尊北卑，从古代城市的布局发展中，我们还能看出"天人合一"的规划理念，体现了人与自然和谐共存的观念。比如，战国时吴国伍子胥提出了"相土尝水，象天法地"的布局理想，在主持建造阖闾城时充分考虑江南水乡的特点——水网密布，既保证了交通便利，又能够通畅地排水。越国的范蠡规划都城蠡城时因地制宜，根据自然地形南北向取直，东西向沿河道蜿蜒曲折，设计出防洪排涝与抵御外敌并举的布局方案。三国时期，吴国统治者在对金陵进行布局时，依自然地势发展，以石头山、长江险要为界，依托玄武湖防御，将皇宫置于城市南北中轴线上。南北朝时期，受宗教思想的影响，城市中出现了大量宗庙和道观，城市的外围出现了规模宏伟的石窟，这些佛教建筑和景观既拓展了城市的空间，又强调了古人的信仰，彰显出城市应该具备的文化功能。

中国古代城市规划强调民居与城市的和谐，人与自然环境的和谐，尊卑有序与经济发展的和谐。这些理念不仅使城市规划日趋成熟，逐渐满足古人的生活需求，也引得日本、朝鲜等东亚国家纷纷效仿。

后记

　　汉字的故事不好讲。传说、故事可以半真半假，可如果写进书里，故事就必须靠谱，千万不能误导小读者。但是，如果我把关于汉字的故事讲得等同于我平时给大学生授课时用的讲义，小读者准会读得意兴阑珊。我想如果把汉字故事讲得既靠谱又有趣，那就必须"接地气"，不能"在云端"。于是，我在动笔之前颇费了一番思量，终于想出一个好的创作角度来。

　　我把这套书的内容分成两个部分：一个部分是介绍汉字字形的演变轨迹，就字论字，讲清楚我们现在写的字形是怎么从看不懂的古汉字一步步演变而来的；第二个部分是从考古文物、历史民俗等不同的角度讲汉字文化，挖掘有趣的汉字故事，激发小读者的兴趣。在这套书中，这两个部分相得益彰，都很重要，但各自承担着不同的作用。

　　对于任何一个汉字学者来说，讲汉字的演变都是一个严肃的任务。我看过很多讲汉字的通俗读物，作者在讲关于字形的来历时常会犯两个错误：首先，他们只抄古人古书上的说法，而这些陈芝麻烂谷子的说法，已经有不少都被现代学者证明是有问题的。这些学者不知道古人虽然生活在古代，却毕竟离最初造字的年代也很久远。其次，他们的想法太天马行空，为汉字的字形赋予太多经不起推敲的阐释，夸大汉字的文化意义，忽略了汉字作为实用工具的性质。比如有些书上说甲骨文"日"字里头的一点是太阳黑子，这种缺乏根据的说法，比单纯抄古书造成的错误更离谱。

在这套书中，我所采用的材料和说法基本来自当代权威的文字学工具书和专业学者公开发表的论文，当然也有我自己多年研究文字积累的成果。简单来说，我介绍汉字历史演变主要采取了三种方法：第一，正本清源。把每一个字的古今字形串起来讲，就像展示生物进化的不同阶段一样，说清每个字的字形写法的来龙去脉，比如简体字的"头"是怎么从繁体字的"頭"变来的。第二，讲清原理。古人不是拍拍脑袋随便造汉字的，而是根据一定的原理、方法，比如象形、会意等等，来创造汉字的。我单说这些干巴巴的造字原理，肯定会让读者昏昏欲睡，所以我结合具体的例子进行了生动深入的剖析，以便让小读者在阅读的过程中潜移默化地掌握造字原理。第三，我结合古汉语的知识，把字形和字义串在一起分析。小读者通过学习汉字还可以掌握古汉语词汇语义的来源和用法，让所学的汉字知识真正能够助力文言文的学习。

我讲完汉字的字形，还要讲有趣的汉字文化故事。在创作这套书的过程中，我非常庆幸：汉字是一部真真正正的"百科全书"，简直可以说是上通天文，下及地理，囊括古今中外人生百态，可供我发挥的素材太多了。书里的章节就是按照汉字涉及的不同主题内容编次而成的。我唯一感到可惜的是，限于篇幅，我的残笔没法曲尽汉字文化之妙。说实话，写完这套书，我还意犹未尽，很想继续创作第二辑呢！

王弘治

2024 年 6 月于上海